AF305979

8°F
5450

ANIMAUX

EMPLOYÉS A L'EXPLOITATION

DES PROPRIÉTÉS RURALES

Commentaire de la Loi du 4 Avril 1889.

INSECTES ET CRYPTOGAMES

NUISIBLES A L'AGRICULTURE

Commentaire de la Loi du 24 Décembre 1888.

PAR

N.-A. CARRÉ

JUGE DE PAIX DU 1er ARRONDISSEMENT DE PARIS

Prix : 1 franc 50.

PARIS

MARCHAL ET BILLARD

Imprimeurs-Éditeurs

LIBRAIRES DE LA COUR DE CASSATION

Place Dauphine, 27

1889

ANIMAUX EMPLOYÉS A L'EXPLOITATION

DES PROPRIÉTÉS RURALES

INSECTES ET CRYPTOGAMES

NUISIBLES A L'AGRICULTURE

ANIMAUX

EMPLOYÉS A L'EXPLOITATION

DES PROPRIÉTÉS RURALES

Commentaire de la Loi du 4 Avril 1889

Depuis la loi des 28 septembre - 6 octobre 1791, tous les gouvernements qui se sont succédé ont tenté de rédiger un nouveau Code rural. Ces essais portent les dates de 1808, 1814, 1828, 1834, 1854, 1858.

En janvier 1870 fut déposé un projet, qui n'eut même pas les honneurs de la discussion.

Le 13 juillet 1876, le gouvernement présentait au Sénat, un autre projet qui ressemblait beaucoup à celui de 1870. Il se compose de dix titres, comprenant quatre-vingt-dix-sept articles. C'est ce projet qui est encore aujourd'hui en étude.

Ne pouvant mettre au monde dans son ensemble, une œuvre aussi considérable, le Parlement a procédé par enfantements partiels, se réservant probablement de réunir ces membres disjoints pour en former le corps du Droit rural.

Ainsi, le 20 août 1881 ont été promulguées : la loi relative aux chemins ruraux, la loi relative aux chemins et sentiers d'exploitation et la loi relative à la mitoyenneté des clôtures, aux plantations, et aux droits de passage.

Ainsi, le 2 août 1884 a été promulguée la loi relative aux vices rédhibitoires dans les ventes et échanges d'animaux domestiques.

Ainsi enfin, le 4 avril 1889 a été promulguée la loi relative aux animaux employés à l'exploitation des propriétés rurales. C'est cette loi que nous venons commenter très sommairement.

Sans doute, nos législateurs ont des motifs puissants pour discuter et voter isolément les différents titres dont se composera le Code rural. Cette manière de procéder présente peut-être un inconvénient ; elle ne permet pas de saisir l'ensemble de la loi et d'en comprendre l'économie ; de plus, elle peut avec des législatures modifiées par les hasards de la politique ou les caprices du suffrage universel, altérer l'esprit des textes à voter, contredire celui des textes déjà votés, et faire perdre à la loi son caractère indispensable d'homogénéité. Mais il ne nous appartient pas de critiquer la marche des travaux des Chambres ; nous avons tout modestement à donner quelques explications sur les principales dispositions de la loi du 4 avril 1889, qui forme le titre VIme du Code rural.

Elle est divisée en deux sections. La première, consacrée aux bestiaux et aux chèvres, compte trois articles ; la seconde, consacrée aux animaux de basse-cour, pigeons, abeilles et vers à soie, compte huit articles.

SECTION PREMIÈRE

Des Bestiaux et des Chèvres.

ARTICLE 1er.

Lorsque des animaux non gardés ou dont le gardien est inconnu ont causé du dommage, le propriétaire lésé a le droit de les conduire sans retard au lieu de dépôt désigné par le maire qui, s'il connaît la personne responsable du dommage, aux termes de l'article 1385 du Code civil, lui en donnera immédiatement avis.

Si les animaux ne sont pas réclamés, et si le dommage n'est pas payé dans la huitaine du jour où il a été commis, il est procédé à la vente sur ordonnance du Juge de paix, qui évalue les dommages.

Cette ordonnance sera affichée sur papier libre et sans frais à la porte de la mairie.

Le montant des frais et des dommages sera prélevé sur le produit de la vente.

En ce qui concerne la fixation du dommage, l'ordonnance ne deviendra définitive, à l'égard du propriétaire de l'animal, que s'il n'a pas formé opposition par simple avertissement dans la huitaine de la vente.

Cette opposition sera même recevable après le délai de huitaine, si le Juge de paix reconnaît qu'il y a lieu, en raison des circonstances, de relever l'opposant de la rigueur du délai.

Bestiaux et animaux. — Dans l'intitulé de la section première, le législateur emploie le mot *bestiaux;* dans les articles de la loi, ce terme ne reparaît plus, il est remplacé par l'expression *animaux.* Que faut-il en conclure? La loi de 1791 (art. 12), disait les « bestiaux de toute espèce ». Dans le langage académique, *bestiaux* offre un sens beaucoup plus restreint que *animaux.* Bestiaux s'entend spécialement des bœufs, des vaches, des moutons, des chèvres, des cochons; animaux comprend les êtres organisés et doués de sensibilité. La loi nouvelle, très évidemment, veut atteindre non seulement les bestiaux proprements dits, mais encore tous les animaux, domestiques bien entendu : les chevaux, les ânes, les mulets, les chiens (1).

Chiens. — Nous disons que l'article 1er se servant du terme *animaux,* il faut nécessairement l'appliquer aux chiens. Et cependant, sous la loi de 1791, la jurisprudence se refusait à les frapper des sévérités de l'article 12.

Le tribunal de Chateauroux, par un jugement du 14 mars 1888, rapporté en entier dans notre *Compétence judiciaire,* 2me édit., T. II, n° 707, déclare que l'on est sans droit pour saisir et conduire en fourrière des chiens de chasse trouvés à l'abandon dans un bois où ils causaient du dommage. Le jugement, il est vrai, soutient que les chiens ne sauraient être classés parmi les *bestiaux* visés par l'article 12. Avec la loi nouvelle et son expression générique *animaux,* cet argument perd toute sa force.

Donc les chiens non gardés et commettant des dégâts peuvent être conduits au lieu de dépôt indiqués par le maire,

(1) Le projet de Code rural de 1870, consacrait le titre IXme aux animaux nuisibles à l'agriculture : loups, sangliers, renards, blaireaux, lapins.

vendus, etc., après l'accomplissement des formalités que nous allons indiquer. Cette conclusion entraînera bien certains inconvénients que la pratique ne manquera pas de révéler... Mais encore une fois, nous n'avons pas à faire le procès à la loi ; nous nous bornons à commenter son texte.

Animaux non gardés. — La loi du 1791 disait « animaux laissés à l'abandon ». Nous ne voyons pas de nuance juridique entre ces deux locutions.

Ou dont le gardien est inconnu. — Si les animaux sont confiés à un gardien inconnu, le propriétaire lésé agira comme il va être expliqué ci-après. Si les animaux sont gardés par une personne connue, l'article 1er ne nous paraît guère applicable ; le propriétaire actionnera en vertu du droit commun l'auteur responsable du délit.

Lieu du dégât. — Le paragraphe que nous disséquons ne spécifie pas le lieu du dégât. La loi de 1791 indiquait « l'enceinte des habitations, l'enclos rural, les champs ouverts ». De la suppression de ces mots il convient d'admettre que la disposition de l'article 1er s'applique à toutes les propriétés d'autrui.

Droits du propriétaire lésé. — Le propriétaire lésé a le droit de conduire les animaux non gardés ou dont le gardien est inconnu, sans retard (la loi de 1791 disait « dans les vingt-quatre heures » au dépôt fixé par le maire.

Fourrière. — Ce lieu de dépôt s'appelle généralement *fourrière*. Dans certaines communes, la fourrière a le caractère d'établissement municipal ; dans beaucoup d'autres, il n'existe pas de fourrière à proprement parler ; le maire désigne alors l'endroit qui en tiendra lieu.

Responsabilité, article 1385 du Code civil. — Après avoir indiqué le lieu qui servira de dépôt, le maire a un autre devoir à remplir. S'il connaît les personnes responsables en vertu de l'art. 1385, C. civ., c'est-à-dire le propriétaire de l'animal, ou celui qui s'en sert pendant qu'il est à son usage, il les préviendra immédiatement que leurs animaux ont été conduits en fourrière.

Ordonnance du Juge de paix. — Les personnes responsables n'ayant ni répondu à l'avis du maire, ni réclamé les animaux, ni payé le dommage, dans la huitaine du jour où il a été commis, la partie lésée fera procéder à la vente par ordonnance du Juge de paix. Cette ordonnance qui évalue les frais, taxe les dommages et déclare que les uns et les autres seront prélevés sur les produits de la vente, peut être ainsi libellée :

« Nous, Juge de paix : — Vu le procès-verbal de ... ou la plainte de ... déclarant que (*exposé des faits*).

« Vu le dépôt des dits animaux à la fourrière de...

« Attendu que ces animaux n'ont pas été réclamés ; que le dommage causé par eux n'a pas été réparé ; que les huit jours fixés par la loi sont expirés ;

« Ordonnons que les animaux ci-dessus désignés seront, par le ministère de..., vendus publiquement à... (marché le plus voisin), adjugés au plus offrant et dernier enchérisseur ;

« Evaluons à... francs les dégâts causés par les dits animaux ;

« Disons que cette somme de.,. et le montant des frais seront prélevés sur le produit de la vente ;

« Fait en notre cabinet, le... »

Cette ordonnance sera affichée sur papier libre et sans frais à la porte de la mairie.

L'évaluation de l'indemnité par le Juge de paix et l'affichage de son ordonnance ont motivé au Sénat (séance du 18 février 1882) les observations suivantes de M. de Gavardie :

« Je trouve dans l'article 1er des difficultés qui deviendront de plus en plus sérieuses dans la pratique. On nous dit : « On viendra devant le Juge de paix qui sera obligé de rendre une ordonnance pour déterminer la quantité du dommage. » Mais, s'il y a contradiction, s'il n'y a pas des éléments suffisants pour établir ce dommage, il faudra une enquête.

« Vous n'en parlez pas, vous ne dites pas un mot de l'enquête. Voilà un Juge de paix qui autrefois, permettez-moi ce langage familier, en se promenant dans la campagne, allait examiner les lieux et pouvait ainsi statuer sur le dommage avec cette justice paternelle... Que faites-vous ? Vous introduisez une procédure nouvelle ; il faut des affiches sur papier blanc ; on les lira bien peu ; un peu de tambour ferait bien mieux mon affaire.

« Autrefois, à l'issue de la messe, quand on avait un avis utile à donner à la population, un roulement de tambour faisait toute l'affaire. Aujourd'hui, avec votre procédure, il faudra aller lire sur les murs qu'on soit lettré ou illettré. Oh ! je sais bien que vous voulez apprendre à lire à tout le monde. Mais alors même que tout le monde saurait lire, vos affiches blanches ne serviraient absolument à rien ; tout cela c'est de la procédure purement et simplement. S'il y a contestation, il faut une enquête, et vous voilà lancés dans les difficultés de la procédure. Je sais bien que vous les diminuez par la disposition que vous venez de voter. Mais les difficultés restent. Vous étiez en présence d'une procédure paternelle qui suffisait à tout. »

Cette critique, relativement à l'enquête ou pour mieux dire l'expertise, nous paraît être fondée. Quellle que compétence en matière de dommages aux champs que nous reconnaissions à un juge de paix, il est évident que, dans telles circonstances données, le recours à des hommes de l'art sera indispensable. Aussi, malgré le silence de la loi, nous considérons comme très régulière l'expertise qui, le cas échéant, serait ordonnée.

Vente. — En vertu de l'ordonnance du Juge de paix il est procédé à la vente, conformément aux prescriptions relatives aux ventes sur saisie exécution. Toutefois, cette ordonnance étant affichée, l'apposition de placards, le procès-verbal d'apposition, etc., sont absolument inutiles.

Opposition. — La vente opérée, l'ordonnance du Juge de paix, en ce qui touche le montant du dommage, devient définitive, si le propriétaire de l'animal n'a pas formé opposition dans la huitaine de la dite vente. L'opposition est faite par simple avertissement. Est-ce au Juge de paix, au greffier, à la partie lésée que cet avertissement sera adressé ? Pourra-t-il être verbal ; devra-t-il être rédigé sur timbre ? Ces petits détails la loi ne les a pas prévus ; en pratique, ils auront cependant quelque importance.

Le Juge de paix, conformément à l'art. 24 C. proc. civ. pourra relever l'opposant de la rigueur du délai de huitaine.

M. Delsol demandait au Sénat : « Pendant combien de temps cette opposition sera-t-elle recevable ? Pendant vingt ans ? » et le rapporteur lui répondait : « Nous n'avons fait que copier l'article 21 qui ne fixe pas de délai. C'est le Juge de paix qui, selon les circonstances, pourra accorder une prolongation de délai. »

Appel. — Laissons de côté le cas où les personnes responsables sont inconnues, ne se présentent pas ; le cas où les animaux ne sont pas réclamés, les dégâts non payés ; nulle difficulté : il est alors procédé à la vente, etc.

Mais supposons deux hypothèses :

1° Le propriétaire des animaux forme opposition ; la vente ayant eu lieu, il ne peut plus réclamer ses animaux, il vient seulement discuter le chiffre du dommage arbitré par le Juge. Est-ce avec une ordonnance nouvelle que le magistrat modifiera, s'il y échet, sa première décision ?

2° Le propriétaire des animaux, informé par le maire, répond à son avertissement, il réclame les animaux saisis, et offre de payer les dégâts par eux causés. Les parties ne s'entendent pas sur le chiffre de l'indemnité. Est-ce par ordonnance du Juge de paix que ce chiffre sera déterminé ?

A ces deux questions nous avons peine à répondre affirmativement. Dans les espèces ci-dessus imaginées on ne se trouve plus en présence d'une nécessité, d'une urgence qui impose la voie un peu sommaire de l'ordonnance ; on a devant soi deux adversaires qui exposent et discutent leurs prétentions respectives ; et leur contestation, de droit commun, suivant nous, doit se terminer par un jugement rendu en la forme ordinaire.

Admettant, contrairement à notre opinion, que toutes difficultés soient justiciables d'une simple ordonnance, cette ordonnance est-elle susceptible d'appel, car, enfin, les parties peuvent ne pas en accepter le dispositif.

La loi disant qu'après tel délai l'ordonnance devient *définitive,* on concluerait assez logiquement que nul recours n'est possible. Cette conclusion ne nous satisfait pas ; elle heurte les principes généraux du droit.

Mais, l'appel étant admis, devant quelle juridiction sera-t-il porté ? Devant le président du tribunal ? Non ; ce magistrat ne connaît pas des décisions du Juge de paix. Le Tribunal nous paraîtrait, seul, compétent.

De ces petits détails la loi nouvelle ne s'est pas encore occupée ; à la jurisprudence il appartiendra de suppléer à ce mutisme.

En terminant le commentaire de l'article 1er, il convient de remarquer que la loi du 4 avril 1889 a un caractère exclusivement civil, et qu'elle ne vise pas les contraventions rurales.

Cette observation n'est peut-être pas aussi oiseuse qu'elle semble l'être. L'article 12 de la loi de 1791 considérait comme délit rural l'abandon de bestiaux sur les propriétés d'autrui ; et la jurisprudence était formelle pour lui appliquer les peines édictées par l'article 2 de la loi du 24 thermidor an IV. Cet article 12 étant fatalement remplacé par l'article 1er de la loi de 1889, il résulte que la disposition pénale se trouve abrogée ; et que l'abandon d'animaux, en l'absence d'arrêtés le défendant, ne constitue plus de contravention rurale.

ARTICLE 2.

Les préfets peuvent, après avoir pris l'avis des conseils généraux et des conseils d'arrondissement, déterminer par des arrêtés les conditions sous lesquelles les chèvres peuvent êtres conduites et tenues au pâturage.

Cet article ne sollicite aucune explication. Les préfets, de l'avis des conseils généraux et des conseils d'arrondissement, peuvent réglementer par arrêtés la conduite et le pâturage des chèvres.

Dans son article 18, la loi de 1791 s'occupait des chèvres et des dégâts qu'elles pouvaient commettre. Ses prescriptions, uniquement pénales, sont aujourd'hui sans intérêt.

Les dommages causés par les chèvres au point de vue de la réparation pécuniaire sont visés par le texte général de l'article 1er de la loi de 1889.

Les infractions au règlement pris par l'autorité préfectorale constitueront des contraventions justiciables de l'article 471, § 15 du Code pénal.

ARTICLE 3.

Les propriétaires des chèvres conduites en commun sont solidairement responsables des dommages qu'elles causent.

Lors de la discussion de cet article à la Chambre des Députés, dans sa séance du 7 mars 1889, M. de La Batie a proposé l'amendement suivant :

« Les propriétaires de chèvres *et de moutons* conduits en commun sont solidairement responsables des dommages causés par ces animaux. »

Les arguments invoqués en faveur de cette proposition, et les réponses qui leur furent opposées, méritent d'être reproduits. Nous les copions textuellement dans le compte-rendu officiel.

« **M. de La Batie**. — Messieurs, une courte observation suffira pour justifier mon amendement.

« L'article 3 du projet de loi qui vous est soumis dispose que « les propriétaires de chèvres conduites en commun seront solidairement responsables des dommages qu'elles causent », et, à l'appui de cette disposition, le rapport dit que « les articles 2 et 3 édictent, en ce qui concerne les chèvres conduites au pâturage, des dispositions spéciales qui se justifient par l'humeur vagabonde de ces animaux. »

« Il semble, à entendre les termes de ce rapport, qu'on ait voulu innover en édictant, à l'encontre des propriétaires de chèvres, des dispositions plus rigoureuses que celles auxquelles ils étaient naturellement astreints par le droit commun. C'est une erreur, et, par suite, en omettant d'ajouter les moutons à la nomenclature des animaux dont les propriétaires seront responsables à titre solidaire, on a créé, en faveur des propriétaires de moutons trouvés en délit, des dispositions nouvelles, les exonérant d'une responsabilité qui les frappe actuellement.

« En effet, aux termes de notre droit civil, on est responsable, vous le savez, non seulement du dommage qu'on cause par son fait, mais encore du dommage causé par le fait des personnes qu'on se substitue, par le fait de ses mandataires, de ses domestiques. Or, le pâtre commun n'est autre chose que le mandataire de tous les propriétaires qui lui ont confié les bestiaux qui sont conduits sous sa garde ensemble au pâturage. Ainsi. voilà par hypothèse un troupeau composé de 200 têtes de bétail — chèvres ou moutons — dont 10 seulement pénètrent en délit dans le champ d'un voisin. Faut-il que ce voisin, pour avoir action contre le propriétaire, sache reconnaître dans ce troupeau de 200 têtes les dix bêtes qui sont venues dans son champ ? Faut-il qu'il justifie qu'elles appartiennent à Pierre, à Paul ou à Jacques, parmi les nombreux propriétaires du troupeau ?

« Assurément, messieurs, ce serait exposer le propriétaire victime du délit à une recherche absolument illusoire. Le fait a été rapide, les animaux égarés ont été ramenés très vite par le pâtre ou par le chien au milieu du troupeau. Comment pouvoir reconnaître les délinquants. et, par suite, comment pouvoir exercer l'action en responsabilité contre les véritables propriétaires ? Cela est absolument impossible. Aussi, le projet de loi a reconnu la difficulté, et, en ce qui concerne les chèvres, il dit : « Tous les propriétaires seront solidairement responsables. »

« En effet, ils sont en faute par l'intermédiaire du pâtre commun, qui n'a pas surveillé suffisamment et qui est leur agent à tous ; si le pâtre n'a pas été assez vigilant et soigneux, il engage la responsabilité solidaire de tous ses mandants.

« Cela est conforme à l'article 1384 du Code civil ; cela est conforme, en outre, aux dispositions du droit pénal. L'article 55 du Code pénal dit que tous les individus condamnés pour un délit seront solidairement tenus, non seulement des dommages-intérêts, mais — ce qui est plus fort — de l'amende encourue. Donc, par l'effet du droit commun, tous les propriétaires d'un troupeau commun sont solidairement responsables, en vertu de l'article 55 du Code pénal, des amendes et des dommages qui sont le résultat d'un délit commis par l'un quelconque des animaux mis dans le troupeau commun.

« Parler des chèvres seulement, en excluant notamment les moutons, c'est créer en faveur des propriétaires de moutons un droit spécial et les affranchir mal à propos des dispositions du Code civil et du Code pénal.

« Aux termes de l'article 109 du Code forestier, les propriétaires de bestiaux trouvés en délit sont passibles de dommages-intérêts; et la jurisprudence n'a pas manqué d'appliquer cette responsabilité à titre solidaire, lorsqu'il s'agit d'un troupeau mis en commun par de nombreux propriétaires. En effet, il serait impossible de discerner d'une façon certaine le propriétaire dont le bétail a été spécialement trouvé en délit. Il suffit qu'un animal quelconque du troupeau commun soit en délit pour que tous les propriétaires soient solidairement responsables, sauf à appliquer ensuite aux différents propriétaires — mais c'est affaire entre eux — les règles ordinaires de la solidarité, c'est-à-dire sauf le recours de ces propriétaires pour se faire exonérer par celui dont le bétail a été trouvé en délit. Mais il ne peut évidemment y avoir là aucune preuve à la charge de celui qui a souffert le dommage.

« Voilà pourquoi je réclame, — dans cette matière que nous entendons règlementer tout spécialement par le projet de loi actuel, —

l'application des règles du droit commun, sous l'empire desquelles nous avons vécu jusqu'à ce jour, l'application du Code civil, du Code pénal et du Code forestier, qui ont convenablement donné satisfaction au bon sens et à une équitable justice.

« Autrement, messieurs, vous obligeriez le propriétaire qui a subi le dommage à discerner, sous peine d'être forclos dans sa réclamation, quel est l'animal, mouton ou chèvre, qui est venu rapidement, en délit, dans son champ et lui a causé du dommage. Il n'est pas douteux qu'un accord tacite, mais facile à prévoir, s'établirait entre les propriétaires pour échapper à la responsabilité en refusant de reconnaître les animaux surpris en délit; et il faudrait que la victime du dommage pût produire des témoins, faire une preuve qui est absolument impossible pour déterminer quel est le véritable maître de l'animal.

« Dans ces conditions, messieurs, je demande, ou bien qu'on supprime l'article 3 pour s'en référer purement et simplement aux règles du droit commun, ou bien, si l'on veut maintenir l'article 3, qu'on mette les moutons sur la même ligne.

« Je comprends qu'on ne parle pas des bœufs et des vaches, parce que ces animaux ont des signes de reconnaissance suffisants pour permettre au propriétaire qui aura subi le dommage de savoir à qui s'adresser ; mais, pour les moutons, il en est absolumeut comme les chèvres; et alors, *ubi eadem ratio, idem jus.*

« Si la Chambre ne veut pas faire droit à l'amendement que je propose, je la prie d'opérer purement et simplement la suppression de l'article 3 pour en revenir aux règles du droit commun. »

« **M. Thellier de Poncheville**, *rapporteur.* — Messieurs, si j'ai bien compris l'argumentation de l'honorable M. de La Batie, ou plutôt si je l'ai bien entendue — car la difficulté était, non pas de la comprendre, notre collègue est toujours extrêmement clair, mais de l'entendre, — si, dis-je, j'ai bien entendu cette argumeutation, elle consiste en ceci :

« Aux termes de l'article 3 du projet qui est soumis à la Chambre, les propriétaires de chèvres conduites en commun sont solidairement responsables des dommages que causent ces animaux, et l'honorable M. de La Batie nous dit : Pourquoi édicter une disposition spéciale en ce qui concerne les propriétaires de chèvres conduites en commun? Pourquoi ne pas édicter une disposition analogue en ce qui concerne les moutons? Les moutons, comme les chèvres, peuvent causer des dommages dans les champs voisins de ceux où ils sont conduits, et, par conséquent, on ne s'explique pas pourquoi une disposition semblable ne leur est pas appliquée. D'ailleurs, ajoute M. de La Batie, en vertu du droit commun, les propriétaires qui ont confié leurs moutons à un même berger sont solidairement responsables du quasi-délit, si leurs moutons viennent à causer des dommages.

« Voilà, je crois, l'argumentation à laquelle la Chambre me permettra de répondre rapidement.

« En premier lieu, pourquoi la commission du Code rural propose-t-elle d'édicter une disposition spéciale en ce qui concerne les chèvres ?

« Je ne veux pas faire ici le procès de ces très intéressants animaux, mais de tout temps, dans notre législation, il y a eu des dispositions spéciales de protection des propriétés contre les chèvres, dont on craint l'humeur vagabonde et les rapides dégâts. Notre projet ne fait que reproduire sur certains points et compléter sur d'autres la loi de 1791. Ce projet a été longuement élaboré par le conseil d'Etat dès avant 1870 ; le travail du conseil d'Etat a été porté au Sénat en 1876, discuté devant le Sénat d'une façon très approfondie et adopté dans les séances des 27 janvier et 18 février 1882 ; il attend que la Chambre lui donne sa sanction définitive.

« Ce projet est venu devant la Chambre précédente, et avait donné lieu à un rapport favorable ; il revient aujourd'hui devant vous, messieurs, dans les termes mêmes où il a été adopté par le Sénat.

« Pas plus que la loi de 1791, le conseil d'Etat et le Sénat n'ont cru devoir édicter des dispositions spéciales de protection contre les moutons ; on a pensé sans doute que ces animaux avaient l'humeur moins vagabonde et étaient moins dangereux que les chèvres.

« Voilà, messieurs, l'explication que votre commission a l'honneur de vous donner, pour justifier le texte qu'elle vous soumet.

« C'est ce texte qui deviendra la loi, si la Chambre veut l'adopter, et cette œuvre, que je ne veux pas appeler une grande œuvre, mais qui, néanmoins, comme le disait M. le président, est importante, aboutira enfin.

« Cependant, si bien élaboré qu'il ait été par les différentes assemblées qui ont eu à l'examiner depuis de longues années, je ne voudrais pas demander à la Chambre de voter les yeux fermés un texte défectueux. Mais qu'elle est l'objection de l'honorable M. de La Batie ?

« Le droit commun, dit-il, vous suffit ; il n'est pas nécessaire de frapper les chèvres par une disposition spéciale et de porter ainsi atteinte à l'honneur et à la considération de ces animaux.

« Je réponds à M. de La Batie : Si le droit commun suffit, pourquoi demandez-vous une disposition spéciale pour les moutons ? Je vous ai dit pourquoi les chèvres paraissaient plus suspectes ; mais si vous avez le droit commun pour vous, contentez-vous en.

« Je ne veux pas discuter cette question de l'interprétation par la jurisprudence de l'article 1384 ; cela pourrait nous conduire trop loin ; mais si M. de La Batie croit que cet article suffit pour frapper solidairement les propriétaires qui ont confié leurs moutons à un berger commun, alors que quelques-uns de ces moutons ont commis quelque dégât ; si M. de La Batie croît que le droit commun suffit, encore une fois, qu'il s'en contente.

« Est-ce donc, — et ce serait la seule objection que je comprendrais, — est-ce parce que notre article 3, reproduisant des dispositions antérieures, aurait édicté une disposition spéciale vis-à-vis des chèvres, que pour cela on abrogerait le droit commun ? Je ne puis el penser un seul instant.

« Les arguments à contrario ne sont pas souvent très péremptoires ; ici, cet argument serait complètement inacceptable.

« L'article 3 vient après une autre disposition également relative aux chèvres, et qui régit les conditions dans lesquelles on peut auto- riser qu'elles soient conduites au pâturage. On a voulu, dans les articles 2 et 3, édicter un ensemble de dispositions applicables à ces animaux après avoir réglé la question du pâturage des chèvres, on vise comme conséquence les dommages qu'elles auront pu causer au cours de ce pâturage ; il ne s'ensuit pas qu'on abroge les dispo- sitions générales du Code civil concernant les dommages causés par toute espèce de personnes ou d'animaux.

« En résumé, je ne peux pas admettre l'argumentation de notre honorable collègue ; elle se détruit par elle-même. Si le droit commun suffit, il n'est pas nécessaire de rien ajouter à notre projet de loi.

« Et, d'autre part, si la commission s'oppose à l'addition proposée, ce n'est pas, à coup sûr, par esprit d'entêtement, et il n'y a certaine- ment pas de question politique entre l'honorable M. de La Bâtie et le rapporteur ; ce n'est pas parce qu'un amendement a été déposé de ce côté de la Chambre (la droite) que nous montrerions de la mauvaise volonté à l'accueillir.

« Mais le texte que nous proposons nous paraît suffisant, et il ne nous semble pas qu'une addition s'impose. Ce texte est sur le point de passer à l'état de législation. Il y a assez longtemps qu'il est en discussion, que les intéressés en attendent la promulgation. Finis- sons-en !

« En conséquence, messieurs, la commission demande à la Chambre de ne pas accepter l'amendement. »

« **M. de La Batie.** — Messieurs, le spirituel rapporteur que vous venez d'entendre a posé la question sur un terrain où je ne veux pas le suivre, en en faisant une question d'honneur ou de dis- crédit pour telle ou telle espèce d'animaux. Pour moi, il ne s'agit pas de décider si le mouton est plus pernicieux, s'il est tout au moins aussi pernicieux que la chèvre ; il s'agit simplement de savoir si nous sommes en présence d'un texte légal qui se justifie.

« On me dit : que vous importe, puisque le droit commun vous donne satisfaction ? Sans doute, le droit commun me donnerait satis- faction si on n'y dérogeait pas dans l'article 3. Mais mon honorable

BIBLIOTHÈQUE NATIONALE IMPRIMÉS

2

collègue, qui est en même temps mon excellent confrère en droit, sait très bien avec quelle force on raisonne devant les tribunaux avec l'argument *a contrario*, lorsqu'on pose en droit que : *Qui dicit de uno negat de altero.* Or, vous avez disposé à l'encontre des propriétaires de chèvres, et vous n'avez rien dit à l'encontre des propriétaires de moutons, d'où la conséquence que les propriétaires de moutons, par dérogation au droit commun, ne seront pas soumis à la solidarité.

« Il est vrai que M. le rapporteur m'a déclaré que la commission n'avait pas voulu porter atteinte aux règles de droit commun ; mais cette déclaration n'est pour moi qu'un demi succès, qui ne me satisfait pas complètement.

« Je reste inquiet et j'insiste, car nous savons bien que, lorsqu'il s'agit d'appliquer à l'audience du Juge de paix ou du Tribunal correctionnel un texte de loi, on ne va pas toujours recourir aux textes primitifs des discussions parlementaires, pour tenir compte des déclarations qui ont été faites par MM. les rapporteurs, et pour éclairer ainsi l'obscurité de la loi promulguée. Or, tel qu'il est formulé, l'article 3 du projet pourra, dans la brutalité de son texte, donner gain de cause aux maîtres d'un troupeau commun de moutons qui se trouveront en présence de la revendication d'un individu dont le sol aura été endommagé par un mouton quelconque qui se sera écarté du troupeau. On mettra le plaignant au défi de reconnaître à qui appartenait le mouton en délit.

« Par suite de l'impossibilité de désigner le maître de ce mouton, celui qui aura subi le dommage ne pourra trouver à se faire indemniser. C'est là une conséquence que vous ne voulez pas, et précisément pour l'éviter, vous me donnerez satisfaction soit en vous en rapportant complètement au droit commun par la suppression de l'article 3 ; soit en introduisant dans cet article les moutons qu'on doit naturellement mettre sur la même ligne que les chèvres. Cette assimilation s'impose sans qu'il y ait lieu d'examiner quels sont, entre les chèvres et les moutons, les animaux le plus dangereux, mais parce que la reconnaissance matérielle des uns est aussi difficile que celle des autres au milieu d'un troupeau commun. Et qu'on ne m'objecte pas cet argument, que j'appellerai opportuniste, qui consiste à dire : Si vous faites la moindre modification à la loi, elle devra retourner au Sénat et elle ne reviendra jamais ici. Mais c'est l'affaire de quinze jours, et il est plus que probable que nous avons devant nous les quinze jours de vie suffisants pour la faire voter avec un texte convenable, équitable, tel que les juriconsultes puissent en reconnaître le sens et en accepter la responsabilité. »

« **M. Faye,** *ministre de l'agriculture.* — Messieurs, si l'article 3 du projet de loi qui est en ce moment en discussion devant la

Chambre n'existait pas, certainement je ne l'aurais pas inventé, parce que je considère que les règles du droit commun pouvaient suffire, non seulement en ce qui concerne les moutons, mais encore en ce qui concerne les chèvres. Seulement, pour se rendre compte de la pensée qui a pu déterminer la commission à introduire dans le projet une disposition spéciale, il me paraît utile de ne pas isoler l'article 3 du projet, de l'article qui précède.

« Vous trouvez, en effet, dans l'article 2, que les chèvres, quant aux pâturages auxquels elles sont conduites, sont soumises à des conditions spéciales qui sont déterminées par des arrêtés préfectoraux.

« On a pensé en effet que les chèvres, que tout le monde connaît comme des animaux absolument capricieux peu faciles à garder, susceptibles d'envahir très facilement le champ voisin dans lequel le droit de dépaissance ne peut pas être valablement exercé, que ces animaux, dis-je, doivent faire l'objet d'une règlementation spéciale et plus sévère, précisément parce que les chèvres ne pourraient être conduites au pâturage qu'autant que les conseils généraux et les conseils d'arrondissement auraient émis un avis qui aurait déterminé le préfet à prendre un arrêté les concernant.

« Aussi, messieurs, lorsqu'on est arrivé à se demander quel pouvait être l'intérêt pour les propriétaires de chèvres de conduire leurs animaux au pacage, et quand on s'est demandé quelles pouvaient être les conséquences des dommages exercés par ces animaux, la commission a pensé — je crois, pour ma part, que c'était inutile — qu'il fallait que les propriétaires dont les animaux sont conduits en commun au pacage fussent tenus solidairement des dommages–intérêts que ces bêtes auraient occasionnés.

« Quel inconvénient y a-t-il à maintenir cette disposition? L'honorable M. de La Batie prétend qu'il y a là une dérogation au droit commun. C'est une erreur : l'article 1384 du Code civil qui s'applique non-seulement aux chèvres, aux moutons, mais même à toutes espèces d'animaux qui causent un dommage dans les propriétés des voisins, ouvre un recours suffisant aux propriétaires lésés contre le propriétaire des animaux qui ont commis les dommages. Je considère, messieurs, qu'il y aurait inconvénient à retarder le vote d'une loi qui a été sérieusement étudiée par votre commission. Je crois qu'aucun principe n'est engagé par la disposition de l'article 3. Je le répète en terminant, comme je le disais en commençant ; si cet article était à établir, je ne demanderais pas qu'il fût introduit dans la loi. Mais, en somme, aucun dommage ne peut en résulter, et, dans ces conditions, j'estime que la Chambre peut voter le projet tel qu'il lui est présenté. »

La Chambre des Députés, consultée, repoussa l'amendement de M. de La Batie, et l'article 3 du projet — d'une utilité juridique peut-être contestable — est devenu l'article 3 de la loi du 4 avril 1889.

SECTION II

Des animaux de basse-cour, pigeons, abeilles et vers à soie.

ARTICLE 4

Celui dont les volailles passent sur la propriété voisine et y causent des dommages, est tenu de réparer ces dommages. Celui qui les a soufferts peut même tuer les volailles, mais seulement sur le lieu, au moment du dégât, et sans pouvoir se les approprier.

La section II est consacrée aux volailles et autres animaux de basse-cour, aux pigeons, aux abeilles et aux vers à soie. Les articles 4 et 5 traitent des volailles et autres animaux de basse-cour ; les articles 6 à 11, des pigeons, des abeilles et des vers à soie.

Volailles, animaux de basse-cour. — Par volailles, on entend généralement les oiseaux que l'on entretient dans les basses-cours, tels que les poules, les canards, les oies, les dindons, les pintades, les paons, — et par animaux de basse-cour, les quadrupèdes élevés également dans les basses-cours, tels les porcs, les lapins, etc.

Loi de 1791. — La loi de 1791 s'occupait des dégâts causés par les volailles. Elle édictait dans son article 12, *in fine* : « Si ce sont des volailles, de quelque espèce que ce soit, qui causent le dommage, le propriétaire, le détenteur ou le fermier qui l'éprouvera pourra les tuer, mais seulement sur le lieu au moment du dégât. » De ce texte on pouvait inférer que la personne lésée n'avait qu'un droit : se défendre en tuant les volailles.

Loi de 1889. — La loi de 1889, elle, dit nettement que des indemnités peuvent être dues pour le dégât ; elle confirme, en outre, le droit de tuer. Mais elle n'indique plus le propriétaire, le détenteur, le fermier ; elle généralise et dit : « *Celui* qui a souffert, etc. ». Elle ajoute, ce que ne disait pas la loi de 1791, qu'il n'est jamais permis de s'approprier les volailles que l'on a légalement détruites.

Droit de tuer. — Une condition est imposée au droit de tuer : il faut l'exercer sur le lieu et au moment même où les volailles commettent leur ravage. La Cour de cassation a maintes fois décidé, notamment par un arrêt du 13 novembre 1885 (*Moniteur des Juges de paix*, 1885, p. 73), que la faculté inscrite en l'article 12, était exceptionnelle et ne pouvait être exercée que pour protéger les propriétés rurales contre un dégât actuel et effectif, et non contre un dégât possible ou imminent.

Volailles en troupeaux. — Dans certaines contrées, les oies et les dindons sont conduits au pâturage en troupeaux souvent nombreux. Supposons que, sous la garde d'une femme, d'un enfant — comme cela se pratique généralement — un troupeau ou une partie d'un troupeau passe sur le terrain voisin et y cause des dommages ; le propriétaire conserve-t-il le droit de detruire les volailles envahissantes ? On fait remarquer que tuer plusieurs oies ou dindons occasionnera au maître de ces animaux une perte bien plus grande que les ravages qu'ils ont pu commettre. C'est vrai ; mais nous ne sommes plus sous l'empire de la section première ; il ne s'agit plus de bestiaux ; la saisie est impossible ; et l'article 5, quelque rigoureuses que soient ses conséquences, doit être appliqué.

ARTICLE 5

Les volailles et autres animaux de basse-cour qui s'enfuient dans les propriétés voisines ne cessent pas d'appartenir à leur maître quoiqu'il les ait perdus de vue.

Néanmoins, celui-ci ne pourra plus les réclamer un mois après la déclaration qui devra être faite à la mairie par les personnes chez lesquelles ces animaux se seront enfuis.

Volailles et autres animaux de basse-cour. — Jusqu'à présent et sous la protection de l'article 2279 du Code civil, nous pouvions réclamer pendant trois ans, à partir du jour de sa perte, la chose que nous avions perdue. Par *chose*, la doctrine et la jurisprudence n'avaient jamais hésité à entendre les volailles et les animaux domestiques, puisque la loi les considère comme meubles.

D'après la législation de 1889, le propriétaire de volailles ou autres animaux de basse-cour qui se sont enfuis, en reste bien propriétaire, alors même qu'il les a perdus de vue ; mais il ne pourra les revendiquer que pendant un délai très court.

Propriétés voisines. — L'article 5 ajoute : « Enfuis dans les propriétés voisines. »

Quelle distance sera jugée suffisante pour constituer le voisinage ? — La réponse est impossible ; il faut l'abandonner aux usages, aux circonstances, à l'appréciation des magistrats. Fournel, lui-même, dans le discours préliminaire de son *Traité du Voisinage,* désespère de donner une solution satisfaisante.

Et si, des poules ou des lapins s'en vont capricieusement s'installer dans une propriété relativement éloignée, en un mot, non voisine, l'article 2279 reprendra-t-il son empire ? — Nous le croyons. La loi de 1889 ne vise que les rapports du voisinage ; ces rapports n'existant pas, le drqit consacré par le Code civil redevient applicable.

La réclamation des volailles et autres animaux de basse-cour, volés, reste-t-elle régie par le dit article 2279 ? — Pour nous, l'affirmative ne saurait être douteuse.

Délai pour réclamer. — Le délai accordé au propriétaire pour réclamer les volailles et autres animaux de basse-cour qui se sont enfuis, est d'un mois. — Dans le projet, il était de huit jours seulement. — Ce délai court du moment où la déclaration aura été faite à la mairie par les personnes chez lesquelles les bêtes se seront réfugiées.

Mais si ces personnes, ce qui devra fréquemment arriver, ne font pas la déclaration prescrite ? Quelle sanction ? — Aucune.

Mais si cette déclaration n'est pas faite, quel temps le propriétaire aura-t-il pour réclamer ? — Silence de la loi.

Les dispositions de l'article 5 nous paraissent grosses de difficultés et de petites chicanes. Elles n'ont pas, du reste, été admises au Sénat, sans de vives discussions auxquelles ont pris part, M. de Gavardie, M. Brunet, M. le Rapporteur, et M. le Garde des Sceaux. Nous les reproduisons *in-extenso.*

Séance du 27 janvier 1882.

« **M. de Gavardie.** — Messieurs, j'ai l'honneur de vous demander la suppression de l'article 5.

« Il y a deux dispositions distinctes dans cet article. Je dis que, dans la première, on édicte un point de droit qui a été universellement reconnu jusqu'à présent soit par la doctrine, soit par la jurisprudence ; or, il est de règle juridique qu'on ne fait jamais passer dans la loi des points qui sont acquis et qui n'ont jamais été contestés. Voilà la première observation que j'ai l'honneur de soumettre à la fois à la commission et à l'appréciation du Sénat.

« Dans la seconde partie, je prétends que la commission s'est mise en contradiction avec l'article 2279 du Code civil, qui est ainsi formulé :

« En fait de meubles, possession vaut titre. Néanmoins... (c'est sur cette partie de l'article que j'appelle votre attention)... néan-« moins celui qui a perdu ou auquel il a été volé une chose peut « la revendiquer pendant trois ans à partir du jour de la perte ou du « vol. »

« Que dit l'article de la commission ? Il dit qu'on ne peut réclamer les animaux perdus, et, par suite, volés, dans bien des cas, comme vous le verrez tout à l'heure, que dans la huitaine du jour où l'on a acquis la connaissance certaine de leur retraite.

« Quand on connait les usages de la campagne, on se demande comment on peut n'accorder que huit jours dans des circonstances qui peuvent avoir une gravité exceptionnelle pour les intérêts agricoles.

« Je comprends très bien, par exemple, que, quand une seule tête de volaille vient se joindre aux volailles d'un propriétaire voisin, si on ne réclame pas, au bout de huit jours, alors qu'on a eu la certitude que la volaille perdue était chez ce propriétaire, je comprends, dis-je, et il est clair qu'on est censé avoir renoncé à la propriété.

« Mais supposez qu'un troupeau tout entier — il faut · bien entrer dans les détails, messieurs... — supposez qu'un troupeau de dindons, de pintades, d'oies, se transportent dans une propriété plus ou moins éloignée de la basse-cour où ces volatiles séjournaient ; eh bien, ne donner que huit jours pour réclamer des animaux dont la valeur est relativement considérable, ce n'est pas assez ; vous le savez, messieurs, vous qui habitez la campagne. L'article 2279 est beaucoup plus sage ; il dit d'une manière générale, sauf à laisser apprécier les circonstances par le juge, qui pourra tenir compte de toutes les conditions de temps et de lieu, que le propriétaire a trois ans pour réclamer les choses volées ou perdues.

« Et remarquez que, la plupart du temps, lorsqu'il s'agira d'un troupeau entier, — ce qui arrive souvent à la campagne, — on ne pourra pas dire qu'il y ait eu bonne foi de la part de celui qui sera trouvé possesseur des animaux égarés.

« Il y aura eu, au contraire, présomption de soustraction frauduleuse.

« Je disais, messieurs, l'autre jour, qu'il fallait toujours en revenir au droit romain. Voici comment les *Institutes* s'expriment à cet égard :

« Les poules et les oies ne sont point des animaux sauvages ; si
« donc vos poules ou vos oies, effarouchés pour une cause quelcon-
« que, s'envolent, elles ne cessent pas pour cela de vous appartenir,
« en quelque lieu qu'elles soient, et lors même qu'elles seraient hors
« de votre vue. »

« Ici est le point doctrinal dont je parlais en commençant, qui est un point acquis, qui n'a jamais été contesté, et que par conséquent il ne faut pas faire passer dans la loi.

« Je poursuis la lecture :

« En conséquence, — et c'est sur ce point, messieurs, que j'appelle
« votre attention, — celui qui retiendrait ces animaux, dans l'inten-
« tion d'en faire son profit, commettrait un vol. »

« **M. Griffe.** — Ce n'est pas le cas de la loi.

« **M. de Gavardie.** — Je demande justement des éclaircissements à la commission, et nous allons voir si ce n'est pas le cas de la loi.

« Je demande, en vue de l'hypothèse, qui, je le répète, se représente à chaque instant, où un troupeau, — non plus quelques têtes isolées de volailles ou d'animaux de basse-cour, — mais un troupeau s'écarte et va à des distances plus ou moins éloignées, car il y a dans nos campagnes des localités où les habitations sont très largement espacées, — je demande, dis-je, si dans ce cas vous ne donnerez que huit jours au propriétaire pour faire sa réclamation. On dit : « Vous êtes censés avoir renoncé à votre droit quand vous savez où sont les animaux et que vous ne les réclamez pas au bout de ce temps. » Mais Messieurs, dirai-je aux membres de la commission, vous ne connaissez donc pas les habitudes de la campagne ? Croyez-vous que, dans bien des circonstances, on n'hésite pas à réclamer sa propriété ? D'abord, on n'est pas toujours sûr de l'identité ; il faut avoir le temps de prendre des renseignements ; il faut observer quelquefois ce qui se passe chez le voisin ; on n'ose pas s'y introduire, parce qu'on est peut-être exposé à une action en dommages-intérêts par ce seul fait d'avoir soupçonné un voisin de vol.

« Il y a donc évidemment là une perte de temps inévitable ; et vous ne donnez que huit jours pour réclamer une propriété qui peut avoir une importance relativement considérable. C'est contraire à la justice, au droit actuel et à toutes les habitudes existantes.

« Pourquoi donc l'article 2279 du Code civil avait-il donné une latitude aussi considérable ? Il y avait bien des raisons pour qu'un législateur aussi sage que celui qui a fait le Code civil ait dit qu'en cas de perte on aurait trois ans pour réclamer. Est-ce à dire que maintenant, dans tous les cas, on pourra réclamer pendant trois ans ?

« Non, laissez donc faire comme on a fait jusqu'à présent sans aucune espèce de réclamation. Je voudrais bien savoir, en effet, quels vœux se sont produits à ce sujet, quelles réclamations, quelles pétitions ont été adressées à la commission pour la modification d'un point de droit qui n'avait jamais été, ni dans la doctrine, ni dans la jurisprudence, l'objet d'une difficulté. Qu'on le dise !

« Voilà les deux points sur lesquels j'appelle des éclaircissements de la part de la commission et je la prie de vouloir bien nous les donner.

« **M. le rapporteur**. — Messieurs, voici la rédaction de l'article 5, telle que le Conseil d'Etat l'a proposée et telle que la commission vous l'a proposée à son tour :

« Les volailles et autres animaux de basse-cour qui s'enfuient dans
« les propriétés voisines ne cessent pas d'appartenir à leur maître,
« quoiqu'il les ait perdus de vue ; il peut les réclamer, mais seule-
« ment dans les huit jours à partir de celui où il a connu le lieu de
« leur retraite. »

« M. de Gavardie s'est beaucoup préoccupé de cette disposition de la loi, qui n'a pas peut-être une importance extrême.

« Cependant, nous devons savoir gré à notre honorable collègue de s'être rappelé ce grand principe : *De minimis curat prœtor.* Il y a un intérêt qu'il ne faut pas négliger.

« M. de Gavardie nous demandait quel pouvait être le motif de cette disposition ; mais il est facile à indiquer.

« Dans nos campagnes, dans nos hameaux, il arrive fréquemment que de petites querelles, bien autrement fâcheuses, Messieurs, que la perte soit d'un dindon, soit d'une pintade, soit d'une poule ou d'un poulet, s'engagent entre des voisins, à propos d'une volaille qui s'est enfuie dans la cour d'un propriétaire pour s'égarer plus ou moins dans la cour voisine.

« **M. Batbie**. — Comment ! plus ou moins ?

« **M. le rapporteur**. — Plus ou moins longtemps.

« On recherche, on va faire des perquisitions ; et il surgit souvent, de ce fait, des discussions parfois assez graves. Ce ne sont plus de petites questions de propriété, ce sont souvent des questions de personne bien autrement regrettables.

« Or, la loi que nous proposons a pour but de mettre fin, autant que possible, à ces petites querelles de voisinage.

« **M. Jouin**. — Vous y mettez fin en disant qu'au bout de huit jours le voleur sera devenu légitime propriétaire.

« **M. le rapporteur**. — Elle pose comme règle un principe admis par la doctrine et par la jurisprudence. Nous croyions, Messieurs, que, par cela même que l'idée exprimée dans la première phrase de l'article 5 était admise par la doctrine toute entière, était admise par la jurisprudence, — et qui dit jurisprudence dit d'abord contestation, puisqu'il n'y a de jurisprudence assise qu'à propos de contestations nombreuses qui ont surgi, nous croyions que c'était une raison de plus pour que cette idée pût figurer utilement dans la loi; il ne peut y avoir aucune discussion à ce sujet. Voilà le principe :

« Les volailles et autres animaux de basse-cour qui s'enfuient dans
« les propriétés voisines ne cessent pas d'appartenir à leur maître,
« quoiqu'ils les aient perdues de vue. »

« Mais pendant combien de temps le propriétaire pourra-t-il faire sa réclamation? L'honorable M. de Gavardie trouve que le délai imparti par l'article 5 est infiniment trop court, et qu'il contredit du reste, la règle de l'article 2279 du Code civil. L'article pose, sous ce rapport, une règle différente, sans doute, de celle que renferme l'article 2279; mais il s'agit de savoir si le législateur a raison.

« Dans l'article 2279, il s'agit d'objets perdus ou volés. Ces objets peuvent avoir une valeur très grande. La situation n'est donc pas du tout la même; et cependant le législateur a cru devoir restreindre l'action du propriétaire à une durée de trois années à partir du jour de la perte ou du vol dont il a été victime ; il n'a que trois ans. Lorsqu'il s'agit au contraire de volailles qui ne sont pas volées, mais qui se sont envolées, le législateur pose une règle différente : le propriétaire peut bien ne pas savoir où ces animaux se sont perdus ou égarés, il peut l'ignorer pendant longtemps : tant qu'il l'ignore, il n'a pas de prescription contre lui.

« Il me semble que M. de Gavardie n'a pas suffisamment porté son attention sur cette partie de l'article : les droits du propriétaire sont complètement sauvegardés. S'il est dans l'ignorance pendant un mois, six mois, un an, la prescription ne court pas contre lui ; mais à partir du jour où il sera venu dire, par exemple, à son voisin ou à sa voisine : « Mon poulet s'est égaré dans votre basse-cour, je viens le réclamer ; » alors la loi tient ce langage à son tour : « Il ne faut pas faire traîner ces petites difficultés trop longtemps ; vous aurez huit jours, à partir de celui où vous connaîtrez la retraite de l'animal que vous aurez perdu, pour le réclamer. C'est très suffisant; il ne faut pas que les discussions se prolongent indéfiniment. »

« La loi a pensé que c'était là un délai raisonnable et juste, et nous vous proposons, Messieurs, d'adopter le projet du Conseil d'Etat et de la commission.

« **M. Batbie**. — Mais qui sera propriétaire après les huit jours ?

« **M. le rapporteur**. — Le possesseur, naturellement.

« **M. Jouin**. Alors, ce sera le voleur.

« **M. le rapporteur**. — Quel est le propriétaire de l'objet perdu ou volé, quand il y a trois ans écoulés à partir du jour de la perte ou du vol ? C'est celui qui le possède.

« *Voix diverses*. — Mais non !

« **M. le rapporteur**. — Mais si, il y a prescription au bout de trois ans. J'ai eu l'honneur de donner lecture au Sénat de l'article 5 pour lui faire remarquer qu'il n'est pas applicable en cas de vol. Il s'agit de volailles qui s'enfuient et non pas de volailles qui sont volées.

« **M. de Gavardie**. — Messieurs, je demandais tout à l'heure à l'honorable M. Jouin, dont vous connaissez la compétence en matière de droit, de vouloir bien apporter ici l'autorité de sa parole et de nous présenter les observations qu'il a résumées d'un mot qui me paraît décisif, dans la question.

« Il nous a dit ; « Au bout de huit jours le voleur sera couvert. »

« **M. le rapporteur**. — Mais, encore une fois, il ne s'agit pas de vol !

« **M. de Gavardie**. — Attendez, messieurs. Au bout de huit jours, le voleur sera en pleine sécurité et les volailles ou les animaux de basse-cour volés resteront en légitime possession de celui qui les aura soustraites. On dit : « Il s'agit purement et simplement des animaux de basse-cour qui s'enfuient. » Où sera la possibilité de prouver dans un an ou dans deux ans que les animaux se sont enfuis ?

« Vous voyez donc bien que, sous prétexte d'éviter des difficultés, vous en créez de plus considérables que celles qui existent aujourd'hui.

« Lorsque vous réclamez actuellement des animaux de basse-cour égarés, le juge vous demande : « A' quelle époque les avez-vous perdus ? » Si les animaux ont été perdus, la prescription est d'un an, et si le propriétaire, sachant qu'ils étaient chez tel voisin, ne les a pas réclamés, il est évident que le juge répond à celui qui les revendiquera : « Vous avez renoncé à votre propriété. »

« J'admets même qu'au bout de huit jours, le juge, s'il est bien certain qu'au bout de huit jours on n'a pas réclamé, — non pas un troupeau tout entier, comme je le disais tout à l'heure, mais des volailles isolées et n'ayant pas une valeur considérable, — j'admets, dis-je, que le juge, tenant compte des circonstances, dise à celui qui réclame : « Vous êtes présumé avoir renoncé à votre droit de propriétaire. » Mais lorsque des animaux d'un prix relativement considérable se sont envolés, on peut très bien supposer qu'ils ont été volés, et que très souvent ils auront été attirés, car on emploie certaines pratiques dans ce but. Il y a, en effet, dans les campagnes, des industriels qui se font suivre des animaux de basse-cour. Ceux-ci paraissent s'enfuir, mais ne s'enfuient pas du tout, ils suivent la personne qui les attire. Vous allez alors récompenser le vol ? L'article 2279 est beaucoup plus sage, il laisse au juge le soin d'apprécier les circonstances et tous les droits se trouvent ainsi sauvegardés.

« En conséquence, je vous demande, messieurs, de vouloir bien supprimer l'article tout entier : la première partie, parce que c'est un point qui n'est pas contesté, et la seconde, parce qu'elle est une innovation dangereuse. Mais si vous vouliez maintenir la seconde partie, je vous demande au moins de substituer à ce délai dérisoire de huit jours le délai, par exemple, d'un mois, de deux mois, trois mois... enfin, un délai sérieux. Mais je crois qu'il vaut beaucoup mieux supprimer l'article tout entier.

« **M. Brunet**. — J'ai demandé la division de l'article parce qu'il contient deux dispositions absolument distinctes, et dont l'une est, dans une certaine mesure, en contradiction avec la première.

« A cet égard, mon honorable collègue et ami M. Delsol s'écrie : « Ceci est du droit commun, à quoi bon diviser l'article ? »

« Il pourrait résulter de cette observation qu'il n'était pas nécessaire de mettre cela dans l'article ; mais ce qui abonde ne nuit pas, et je ne vois pas, quant à moi, d'inconvénient à ce qu'on formule, d'une façon législative, une opinion qui est acceptée par l'unanimité de la jurisprudence. Mais si cette disposition prend place dans l'article, je demande à la voter séparément, car s'il n'y a pas d'inconvénient à accepter cette première partie, il pourrait y en avoir à la rejeter, un vote rejeté pouvant donner lieu à certaines équivoques sur la véritable pensée du Sénat. Aussi, pour laisser toute liberté à ceux qui n'acceptent pas la dernière partie de l'article, me paraît-il nécessaire de le diviser, car si vous me faisiez voter sur l'article entier, je pourrais regretter d'avoir voté contre la première partie de l'article qui consacre un principe universellement admis, tandis que je désire voter contre la seconde.

« Puisque je suis à la tribune, je dirai les motifs pour lesquels je ne suis pas disposé à admettre la deuxième partie de l'article. Je vois de graves inconvénients dans cette disposition, qu'a combattue l'honorable M. de Gavardie. En voici un, par exemple : tout à l'heure, M. le rapporteur faisait une distinction qu'il soulignait d'un bon mot et disait : « Ceci ne s'applique pas aux animaux de basse-cour volés, mais seulement à ceux qui se sont envolés. » Je lui demande, comme le lui demandait tout à l'heure M. de Gavardie, s'il sera toujours bien facile de distinguer l'animal volé ou attiré, ce qui est à peu près la même chose, de celui qui s'est envolé volontairement et par caprice. Et tout de suite, je lui fais remarquer quels sujets de contestations, très nombreux, très multiples vont s'élever à l'occasion d'une poule perdue, d'une simple poule, pour ne pas sortir de l'exemple choisi par lui. Le propriétaire chez lequel on la trouvera, dira : « Cette bête est venue chez moi volontairement, il y a plus de huit jours, et vous avez pu le savoir ; j'en suis désormais propriétaire. » L'autre répondra, au contraire : « Cette bête vous l'avez volée ou attirée. »

« De sorte qu'il n'y a pas un animal de basse-cour qui ne puisse devenir l'occasion d'un conflit très ardent. Vous savez avec quelle ardeur nos ménagères des campagnes sont disposées à se disputer une poule.

« Voilà donc un premier inconvénient ; vous allez occasionner des conflits et des difficultés incesssantes entre le détenteur de la poule et celui qui la réclame, l'un disant : « Il s'agit d'un objet volé; et puis le revendiquer pendant trois ans ; » et l'autre soutenant qu'il s'agit d'un objet qui s'en est allé de lui-même et invoquant votre prescription de huit jours.

« J'ajoute, comme seconde observation, que la commission me paraît en cela beaucoup trop favorable à une personne qui ne mérite pas une telle faveur.

« La poule — puisqu'il s'agit de poule — il y a d'autres animaux de basse-cour, parmi ceux, notamment, qui ne volent pas, qui sont d'une plus grande valeur — la poule, dis–je, se trouvant chez un voisin, celui–ci peut savoir qu'elle ne lui appartient pas. Il le saura presque toujours, car nos paysans connaissent bien tout leur pou-lailler. Dans ces conditions, je la tiens pour volée, car la rétention frauduleuse d'un objet perdu constitue un véritable vol. Je me demande pour quels sérieux motifs alors qu'ils y aura le plus souvent mau-vaise foi, vous rangeriez ce voleur de poules dans une classe privilé-giée, et je vous demande de revenir purement et simplement au droit commun.

« Il s'agit d'un objet perdu ou volé, le Code y a pourvu ; laissez le Code dans les conditions où il est, et rejetez la disposition nouvelle de la commission.

« Voilà ce que je propose, et voilà pourquoi j'ai demandé un vote séparé sur les deux parties de l'article. »

A la suite de cette discussion, la Commission fixe à un mois le délai pour réclamer les volailles et autres animaux de basse-cour enfuis dans les propriétés voisines.

Séance du 18 Février 1882.

« **M. de Gavardie**. — Vous allez voir maintenant les conséquences de votre principe.

« Art. 5. — Les volailles et autres animaux de basse-cour qui
« s'enfuient dans les propriétés voisines ne cessent pas d'appartenir à
« leur maître, quoiqu'il les ait perdus de vue. »

Voilà encore un point doctrinal qui n'a jamais été contesté. J'ai eu
l'honneur de vous lire un passage des *Institutes* de Justinien, à cet
égard. Vous voyez que cela remonte très haut.

« Néanmoins, celui-ci ne pourra plus les réclamer un mois après la
« déclaration qui devra être faite à la mairie par les personnes chez
« lesquelles ces animaux se sont enfuis. »

« Première difficulté, la loi de 1791... Et ici, messieurs, permettez-
moi de faire une réflexion. Les lois de l'ancienne monarchie, les lois,
même de la période révolutionnaire, — je laisse de côté les considé-
rations politiques — étaient des lois parfaites ! et par une raison bien
simple, c'est que l'instruction juridique était peut-être plus forte
qu'aujourd'hui.

« J'en demande bien pardon à M. le ministre de l'instruction publique qui nous vante les progrès accomplis et qui est en train de
désorganiser l'Université de France ; nous aurons à nous expliquer un
jour sur ce point, quand il s'agira d'examiner la situation actuelle de
l'Université. Il y avait d'abord cette raison pour que la loi ancienne
fût mieux rédigée.

« Mais il y en avait une autre, considérable : c'est que ce n'était pas
dans les assemblées, ce n'était pas par voie d'amendement plus ou
moins heureusement improvisés que les lois se discutaient ; et voilà
pourquoi elles ont traversé des siècles et qu'on est obligé, sinon d'em-
prunter toutes leurs dispositions, au moins leurs dispositions principales.

« Dans cette loi de 1791 qui était, pour l'époque où elle a été faite,
une loi chef-d'œuvre, il y avait simplement ces mots : « les volailles. »
Mais pourquoi, ajoutez-vous — et c'est une observation que me faisait,
il y a quelques instant, un honorable collègue que j'aperçois en ce
moment, M. Boucher-Cadart — « et autres animaux de basse-cour ? »
Quels sont ces animaux ? Voilà déjà une difficulté.

« Nous serons parfaitement d'accord sur la question de savoir si les
poules, les oies, les pintades sont des animaux de basse-cour. Mais
après ? Les canards, je vous les passe... les dindons ? — Je ne fais
pas de geste cette fois. Et les moutons ? Et les lapins domestiques ?
Et les bœufs à l'engraissage ? Pour les bœufs qui travaillent, qui
vivent plus ou moins dans les champs, c'est très bien ; mais l'animal

qu'on engraisse pour le vendre au boucher, est-ce, oui ou non, un animal de basse-cour ?

« **M. le rapporteur**. — Il rentre dans la première section !

« **M. de Gavardie**. — Le bœuf ? Je ne le vois pas dans la première section, où il n'est pas question d'animaux perdus ou volés.

« **M. le rapporteur**. — « 1re section : Bestiaux et chèvres » !

« **M. de Gavardie**. — Il ne faut pas innover sans nécessité. La loi de 1791, loi sage et bien faite, parle de volailles ; et pourquoi ? Parce qu'on ne pouvait pas s'entendre sur cette question de savoir quels sont tous les animaux de basse-cour, et que, par suite, des difficultés pouvaient se produire dans la pratique. Si un bœuf à l'engraissage s'échappe, va plus ou moins loin, et que je ne puisse pas le retrouver, je serai forclos, parce qu'au bout d'un mois on aura fait à la mairie une déclaration que j'aurai ignorée très souvent !

« Voyez dans quelle situation vous allez mettre le propriétaire de l'animal ! Vous voyez que cela demande réflexion.

« Maintenant, on pourra le réclamer pendant un mois ; on avait primitivement mis huit jours. Je comprends qu'on donne jusqu'à un certain point satisfaction aux objections que je fais en mettant un mois. Mais le point de départ ? Si la déclaration est tardive, si elle est mensongère, si elle n'a pas eu lieu, que ferez-vous ? Y avez-vous songé ? Moi-même, je n'y avais pas pensé ; par conséquent, je ne peux me montrer plus sévère pour les autres que je ne le suis pour moi-même ; je devrais l'être plus pour moi-même que pour les autres.

« Je n'avais pas songé à cette difficulté, je vous y fais songer ; vous êtes assez justes, vous prouvez depuis le commencement de cette discussion que vous cherchez assez loyalement et consciencieusement la vérité pour que vous veuillez bien soumettre à un nouvel examen cet article 4, et vous reconnaîtrez, messieurs, quels inconvénients il y a à changer la législation qui existe, qui a été trouvée bonne, qui n'a donné lieu à aucune espèce de réclamation.

« L'article 2279 du Code civil, vous le balayez ! Et quelles contradictions a-t-il jamais soulevées dans la pratique ? Qu'on me le dise ! Vous avez vu trois ans ; vous avez été effrayés de ce délai. Voyons un peu la pratique.

« Est-ce que vous croyez que les poules, les dindons et les oies ne seront pas mangés avant trois ans ? On ne les réclamera pas pendant trois ans, c'est évident ! Il faut voir, messieurs, les choses comme elles sont.

« Si on venait dire à un Juge de paix : « J'ai perdu, il y a un an, une poule, un canard, une oie ou un dindon ! » le Juge de paix répondrait : « Mais vous avez renoncé à cette propriété ! comment voulez-vous allez retrouver chez vos voisins ces animaux, qui ont été confondus avec les autres, et qui, certainement, seront passés dans le pot ? »

M. le Juge de paix ajouterait : « Ne vous avisez pas de porter cette cause devant moi, vous seriez condamné. »

« Votre article, messieurs, serait un vrai nid de procès.

« Pourquoi le législateur qui laissait à la conscience et aux lumières du juge le soin d'apprécier la diversité des circonstances, avait-il laissé ce délai de trois années ?

« Il y avait à cela des raisons qu'on ne voit pas tout d'abord : c'est que très souvent, à propos des choses perdues qui sont dans la propriété d'un tiers, il peut y avoir, de la part de ce dernier, en les gardant, possession frauduleuse et vol. Et on a dit : Nous permettons de réclamer pendant trois ans, parce qu'au bout de trois ans l'action correctionnelle sera prescrite.

« Il y a donc, vous le voyez, corrélation entre le délai pour la réclamation et le délai pour punir le recéleur. Tout cela se tient. Aujourd'hui, au bout d'un mois, le voleur sera couvert.

« **M. le Garde des sceaux**. — Mais vous vous trompez, Monsieur de Gavardie ; ce n'est pas le cas de l'application de l'article 2279 ; je me permettrai de le démontrer à la tribune.

« **M. de Gavardie**. — Parfaitement, Monsieur le garde des sceaux, si vous vouliez bien le démontrer maintenant.

« **M. le Garde des sceaux**. — C'est une explication de l'article 2279 que je désire donner. L'hypothèse de l'article 2279 du Code civil, qui pose en principe la grande maxime qu'en fait de meubles la possession vaut titre est celle-ci : La loi suppose qu'un mandataire ayant entre les mains une chose mobilière l'a donnée, vendue, livrée à un tiers acquéreur de bonne foi. Voilà l'hypothèse de l'article 2279.

« Lorsque ce cas se présente et que la chose n'a été ni perdue ni volée, immédiatement le tiers acquéreur se trouve couvert par la présomption de propriété. Aucune revendication n'est possible.

« Si, au contraire, la chose a été perdue ou volée, alors le véritable propriétaire n'a plus que trois ans pour revendiquer contre le tiers acquéreur de bonne foi.

« Le cas de vol n'est nullement prévu par l'article 2279.

« Quand il y a un possesseur de mauvaise foi, ou un voleur, la revendication dure pendant trente ans.

« Cela n'a rien de commun avec l'hypothèse de l'article 2279.

« Voilà l'explication que je voulais donner à M. de Gavardie.

« **M. de Gavardie**. — Je crois que M. le garde des sceaux interprète mal l'article 2279.

« Permettez, messieurs, je vais fournir mes arguments. Le principe général est bien celui que vient d'exprimer M. le garde des sceaux, mais la seconde disposition dit que, dans le cas de perte ou de vol, la réclamation peut avoir lieu pendant trois ans.

« **M. le Garde des sceaux**. — Même contre le, possesseur de bonne foi ?

« **M. de Gavardie**. — Il n'est pas question de possesseur de bonne foi dans l'article 2279.

« **M. le Garde des sceaux**. — C'est l'hypothèse de l'article 2279.

« **M. le président**. — La question du possesseur de bonne foi est complètement en dehors de cet article.

« **M. de Gavardie**. — M. le président fait observer avec raison que la question de bonne foi ou de mauvaise foi est complètement en dehors de cet article. Il s'agit de savoir si, lorsque l'objet que j'ai perdu se trouve entre les mains d'un tiers, je puis, au bout d'un mois, comme on le propose, être privé de ma propriété, ou si j'ai trois ans pour réclamer. On répond : « S'il y a mauvaise foi, c'est pendant trente ans. » Mais vous ne le voyez donc pas, messieurs, c'est précisément pour éviter cette revendication pendant trente ans relative- ment aux choses mobilières, qu'on a édicté cette prescription particu- lière de trois ans. Telle est la véritable interprétation de l'article 2279. Autrement, le propriétaire serait désarmé contre le voleur au bout d'un mois, au lieu de l'être seulement au bout de trois ans. C'est ce que je vous demande de maintenir, au lieu d'innover, comme vous voulez le faire, d'une manière dangereuse. »

Malgré ces critiques diverses, reconnaissons-le, assez justi- fiées, l'article 5 a été voté par le Sénat.

ARTICLE 6

Les préfets, après avis des conseils généraux, déterminent, chaque année, pour tout le département, ou séparément pour chaque com- mune, s'il y a lieu, l'époque de l'ouverture et de la clôture des colombiers.

La loi du 4 août 1789 édictait : « Le droit exclusif des fuies et colombiers est aboli (1), les pigeons seront enfermés aux époques fixées par les communautés. »

(1) Le droit d'avoir des colombiers n'appartenait qu'aux seigneurs hauts justiciers ou féodaux, et un roturier, eut-il eu cinq cents arpents de terre, ou fait travailler cinq cents ouvriers, ne pouvait avoir l'honneur d'avoir, au milieu de la basse-cour, une tour élégante, surmontée d'une girouette, ou d'un paisible pigeon de faïence.

Cependant, dans quelques contrées où les féodaux avaient donné des marques éclatantes de leur modération, un roturier qui avait cinquante arpents de terres labourables, pouvait obtenir la permission, non de faire

Les communautés — lire les municipalités — sont d'après la loi nouvelle remplacées par le Préfet. C'est donc ce fonctionnaire qui, sur l'avis des conseils généraux, déterminera les époques de l'ouverture et de la fermeture des colombiers.

Remarquons qu'ici les conseils d'arrondissement ne sont pas conusultés comme ils le sont pour le pâturage des chèvres (art. 2).

Remarquons encore que l'arrêté préfectoral visera ou tout le département, ou séparément chaque commune; et que, contrairement aux principes généralement admis, il pourra ne s'appliquer qu'à une seule commune.

On reconnaît plusieurs espèces de pigeons : les pigeons sauvages (le bizet, le ramier, la tourterelle des bois) ; les pigeons domestiques (les pigeons des champs, pigeons voyageurs, pigeons de volière). A laquelle de ces espèces s'applique la loi de 1889 ? Suivant nous, seulement aux pigeons des champs, ceux-là seuls, occupent des colombiers proprement dits (Voir sur la législation des pigeons, *Moniteur des Juges de paix* 1888, p. 502 et 546.)

ARTICLE 7

Pendant le temps de la clôture des colombiers, les propriétaires et les fermiers peuvent tuer et s'approprier les pigeons qui seraient trouvés sur leurs fonds, indépendamment des dommages—intérêts et des peines de police encourues par les propriétaires des pigeons.

En tout autre temps. les propriétaires et fermiers peuvent exercer à l'occasion des pigeons trouvés sur leurs fonds, les droits déterminés par l'article 4 ci-dessus.

élever un colombier, mais de construire une volière, dans quelque grenier de sa maison.

Les curés voulaient aussi avoir droit de colombier ou de volière, quand ils avaient droit de dîme sur plus de cinquante arpents ; mais les nobles féodaux, jaloux de leurs priviléges, repoussèrent constamment cette usurpation ecclésiastique.

Il était défendu de tirer sur les pigeons, à peine d'être poursuivi comme voleur ; il y a même des arrêts qui, pour ce, ont condamné aux galères. En 1721, un paysan de Saint-Sulpice, près Arpajon (jadis Châtres), fut condamné à l'amende pour avoir effrayé et blessé un des pigeons de son seigneur ; lesquels pigeons dévastaient un champ de pois, qu'il venait d'ensemencer (*Dictionnaire de l'Ancien Régime*, v° *Colombier*).

Temps de fermeture des colombiers. — La loi de 1789, pendant le temps fixé pour la fermeture des colombiers, considérait les pigeons comme gibier, et autorisait chacun à les tuer et à se les approprier.

Propriétaires et fermiers. — La loi de 1889 modifie cette disposition. Elle est moins générale, elle n'a en vue que les propriétaires et les fermiers. Suivant nous, il faut ajouter tout possesseur ou détenteur du fonds à quelque titre que ce soit.

Dommages-intérêts. — Outre le droit de tuer et de s'approprier les pigeons qui s'abattent sur leurs fonds, les propriétaires peuvent réclamer une indemnité pour les dégâts commis.

Peines de police. — Les propriétaires des pigeons sont passibles des peines de police. Quelle contravention peuvent-ils commettre ? Quelle pénalité est encourue ?

Il faut supposer l'existence d'un arrêté préfectoral ordonnant la fermeture des colombiers. La désobéissance est punie par l'article 474, § 15 du Code pénal.

Temps d'ouverture des colombiers. — Sous l'action de la loi du 4 août 1789, c'était une question de savoir, si, pendant le temps d'ouverture des colombiers, le propriétaire d'un fonds avait le droit de tuer les pigeons. Très controversée, la solution n'a plus d'intérêt aujourd'hui. Le second paragraphe de l'article 7 tranche, en effet, la difficulté. Pendant l'ouverture des colombiers, les propriétaires et fermiers, dont les fonds sont explorés par des pigeons se référeront aux prescriptions de l'article 4. Ils réclameront des dommages-intérêts pour les dommages, ils pourront détruire les pigeons, mais sur le lieu et au moment du dégât, et sans pouvoir se les approprier.

Pigeons enfuis. — Dans son article 5, la loi nouvelle prévoit le cas où des volailles et d'autres animaux de basse-cour s'enfuient dans des propriétés voisines ; elle ne s'occupe pas des pigeons qui passent dans un autre colombier. Les pigeons n'étant pas des volailles, l'article 5 ne les concerne pas. D'où nous concluons que l'hypothèse est prévue par l'article 564 du

Code civil : les pigeons qui passent dans un autre colombier, appartiennent, par accession, au propriétaire de ce colombier, pourvu qu'ils n'y aient point été attirés par fraude et artifice.

M. de Gavardie a fait sur l'article 7 les observations suivantes (Sénat, séance du 18 février 1882) :

« **M. de Gavardie.** — Vous me direz que parler de ce grand principe de la propriété à propos de pigeons, c'est bien gros ! Non, il ne faut jamais faire une brèche à ce principe, parce que, quelque petite brèche que vous fassiez, le bras y passe d'abord, puis le corps tout entier. Ne faites jamais cela. Je sais bien qu'il y a une jurisprudence, jurisprudence qui ne repose absolument sur rien, qui est en contradiction avec les principes qui admet que, pendant le temps de la clôture des colombiers, les pigeons deviennent du gibier. Sur quoi se fonde cette jurisprudence ? Après avoir bien cherché, j'ai trouvé une loi du 4 août 1789 qui disait que le droit du colombier était supprimé — c'était un droit plus ou moins féodal — et qu'on avait le droit de tuer un pigeon comme du gibier. On comprend très bien, à ce moment, cette disposition.

« Jusque-là on avait laissé une liberté complète aux pigeons ; on n'avait pas même le droit de les tuer. Le législateur de 1789 a dit : Nous considérons le pigeon comme un gibier et on aura le droit de le tuer. Mais a-t-il donné le droit de s'approprier le pigeon ? Non. D'ailleurs, cette loi a été abrogée — et j'appelle sur ce point l'attention de la commission — par le code rural de 1791, postérieur, comme vous le voyez, à cette loi, et qui établit qu'on aura le droit de tuer les volailles, en général, au moment où elles commettent le dégât, mais qu'on n'aura pas le droit de se les approprier.

« Pourquoi ajouter ce droit dans la rédaction de votre article ? Voyez comme c'est dangereux. Qu'arrivera-t-il ? Très souvent la conscience hésite quand il s'agit de tuer des pigeons qui sont quelquefois non la propriété des riches, mais des pauvres. La conscience hésite à enlever cette ressource précieuse ! En sera-t-il ainsi avec votre loi ?

« Veuillez, je vous prie, remarquer, puisque nous nous préoccupons de l'agriculture, que le fumier du pigeon est un guano d'une force incalculable.

« Enfin, vous donnez le droit de tuer désormais, qu'il y ait dégât ou non dégât ; vous encouragez le braconnage des pigeons comme jamais on ne l'a fait ! Le législateur de 1791, qui a fait une œuvre sage qui n'a donné lieu à aucune difficulté, je le répète, disait : «Vous avez le droit de tuer les pigeons comme les autres volailles, mais vous ne le ferez qu'au moment du dommage et vous n'aurez pas le droi de vous les approprier. » Vous devez donc supprimer cette partie de l'article qui donne un droit dangereux.

« Voyez où on peut aller quand on s'écarte des principes, en matière de chasse. Même en temps prohibé, je blesse mortellement une pièce de gibier sauvage ; elle tombe sur le terrain d'autrui. Le propriétaire pourra me défendre d'entrer sur son terrain, mais il n'a pas le droit de s'approprier le gibier. Donc, vous n'avez pas plus le droit de vous approprier les pigeons, que vous considérez comme gibier. La loi de 1844 dans la circonstance dont je parle, ne donne pas ce droit de s'approprier le gibier. On me dit qu'il s'agit de gibier sauvage. Mais c'est la commission qui est sauvage.

« Oh ! c'est une plaisanterie, cela ne tire pas à conséquence.

« Eh bien, messieurs, voilà un maire, — cela se voit à chaque instant, — voilà un maire qui prend un arrêté pour empêcher le vagabondage des canards et des oies, ou pour empêcher celui d'un autre animal, — je ne dis pas son nom à cause du téléphone, parce que si quelqu'un se trouvait à l'extrémité et entendait ce nom, il pourrait se produire une regrettable confusion. Je vais prendre une périphrase, et je dirai comme le poëte Delille :

> « Et d'une horrible toux les accès violents
> « Etouffent l'animal qui se nourrit de glands.

« Eh bien, un maire prend un arrêté pour empêcher ces animaux de vagabonder. Alors, pendant l'arrêté de clôture, cet animal domestique deviendra un animal sauvage, un sanglier, et j'aurais le droit de le tuer ! Vous voyez bien que j'avais le droit de dire que c'est là une loi sauvage et que c'est vous qui êtes des sauvages ! »

ARTICLE 8.

Les préfets déterminent, après avis des conseils généraux, la distance entre les ruches d'abeilles et les propriétés voisines ou la voie publique, sauf, en tous cas, l'action en dommage s'il y a lieu.

Cet article offre peu d'intérêt et ne comporte guère d'observation. Il se borne à attribuer aux préfets, après avis des Conseils généraux, le droit de fixer la distance à observer entre les ruches d'abeilles et les propriétés voisines ou la voie publique. Ce droit, sans contestation, était exercé par les maires en vertu tant de la loi de 1791 que de la loi du 5 avril 1884 sur l'organisation municipale.

Mais là s'arrête le pouvoir de l'autorité administrative. Un avis du Conseil d'Etat du 13 mars 1885 déclare illégal l'arrêté du préfet de police de Paris qui soumettait l'élevage des abeilles à une autorisation préalable.

Devraient être également considérés comme non obligatoires les arrêtés qui interdiraient l'élevage des abeilles, qui limiteraient le nombre des ruches, etc.

Inutile de faire remarquer que le propriétaire d'abeilles est responsable des accidents que ces insectes peuvent causer à autrui.

Le Tribunal de la Seine a rendu le 8 janvier 1888 le jugement suivant qui touche une intéressante question de responsabilité.

« Attendu que la Société la Raffinerie Parisienne, propriétaire d'une usine à Saint-Ouen, demande contre trois apiculteurs, Champagne, Lefèvre et Longau, l'enlèvement de leurs ruches sous une astreinte de 200 fr. par jour et des dommages-intérêts, soit 20,000 fr. à Champagne, 15,000 fr. à Lefebvre et 15,000 fr. à Longau ;

« Attendu qu'il est constant que les trois défendeurs, domiciliés à Coye (Oise) sont propriétaires de nombreuses ruches d'abeilles qu'ils transportent dans la saison des fleurs en maintes localités du département de l'Oise, de Seine-et-Marne, de Seine-et-Oise et à Saint-Ouen ;

« Qu'à Saint-Ouen l'usine de la raffinerie est envahie pendant ladite saison par une grande quantité d'abeilles ; qu'il résulte du rapport de l'expert Rehm et des documents du procès qu'attirées par le sucre les abeilles pénètrent par milliers à l'usine par les fenêtres, les portes, les cheminées et toutes les ouvertures de moindre dimension, qu'elles butinent dans les sirops, les mélasses, en consomment une grande quantité, y meurent souvent, en sorte que les pains où se trouvent leurs corps doivent être refondus, qu'elles piquent et blessent les ouvriers qui travaillent demi-nus ;

« Attendu que les dommages' et le trouble constatés sont réels ; qu'ils sont causés par le voisinage trop rapproché des ruches, ce qui pourrait laisser supposer une idée de spéculation de la part des apiculteurs ;

« Attendu que si, en principe, les abeilles sont sauvages et *res nullius*, il n'en est pas ainsi dans l'espèce, où, domestiquées, elles sont transportées pour un temps pour être rapportées au domicile des apiculteurs lors de la cueillette du miel ;

« Attendu qu'en ces conditions, aux termes des articles 1383 et 1385 du Code civil, les propriétaires des abeilles seraient tenus de réparer le dommage causé par ces animaux pendant qu'ils s'en servent pourvu que la faute ou la responsabilité des propriétaires soit clairement démontrée ;

« Mais, attendu que d'autres apiculteurs sont établis dans le même canton dès avant la fondation de l'usine ; que même l'un des défenseurs au moins, est dans ce cas ; que les ruches placées à Saint-Ouen sont à proximité de la plaine de Gennevilliers qui produit des prairies artificielles, trèfles, sainfoins, luzernes, légumes, arbres fruitiers et jouit de côtes boisées ; que tous ces végétaux très recherchés pour la nourriture des abeilles ont pu y attirer les apiculteurs, indépendamment de la raffinerie ;

« Attendu que les essais faits pour reconnaître la provenance des abeilles trouvées à l'usine à l'aide de poudre colorante, n'ont pas réussi à cause de la distance à traverser par les abeilles ; qu'en effet, toutes les ruches sont, d'après les constats, à plus de 100 mètres de la raffinerie ;

« Attendu qu'ainsi, la preuve à rapporter par la Société demanderesse contre les demandeurs n'est pas fournie, que l'expertise n'a pu l'établir ; que la Société demanderesse n'a fait aucune articulation permettant de compléter la preuve qui lui incombe ; qu'ainsi le trouble et le dommage constatés ne peuvent être imputés aux défendeurs ;

« Par ces motifs, déclare la Raffinerie Parisienne mal fondée en sa demande ; l'en déboute, la condamne aux dépens. »

ARTICLE 9

Le propriétaire d'un essaim a le droit de le réclamer et de s'en ressaisir, tant qu'il n'a point cessé de le suivre ; autrement l'essaim appartient au propriétaire du terrain sur lequel il s'est fixé.

Cet article est la reproduction textuelle de l'article 5, section III, titre I, de la loi des 28 septembre-6 octobre 1791.

Rappelons que d'après l'article 5, le propriétaire des volailles, bien qu'il les ait perdues de vue, ne cesse d'en conserver la propriété.

Du texte de l'article 9, il ressort clairement pour nous, que les abeilles sont susceptibles de devenir la propriété d'autrui, et qu'elles ne doivent pas être déclarées absolument animaux sauvages, ainsi que l'ont décidé plusieurs tribunaux (Trib. Foix, 14 janvier 1876 ; Trib. Gap, 22 décembre 1881).

ARTICLE 10.

Dans le cas où les ruches à miel pourraient être saisies séparément du fonds auquel elles sont attachées, elles ne peuvent être déplacées que pendant les mois de décembre, janvier et février.

Les abeilles, comme tous autres animaux, sont meubles (Code civil, art. 528). Les ruches placées par le propriétaire pour le service et l'exploitation du fonds sont immeubles (Code civil, art. 524).

La loi de 1791 défend de saisir et de vendre « les ruches pour contributions publiques, ni pour aucune cause de dettes, si ce n'est au profit de la personne qui aura fourni les dites ruches, ou pour l'acquittement de la créance du propriétaire envers son fermier. »

Elle ajoute : « Pour aucune raison, il n'est permis de troubler les abeilles dans leurs courses et dans leurs travaux, en conséquence, même en cas de saisie légitime, une ruche ne pourra être déplacée que dans les mois de décembre, janvier et février. »

Enfin, d'après l'article 52 de l'arrêté du 16 thermidor, an VIII : « Les abeilles ne seront saisissables pour le paiement des contributions directes que dans les temps déterminés par les lois sur les biens et les usages ruraux. »

Malgré ces textes, quelques auteurs prétendent que les abeilles et leurs ruches ne sont pas saisissables. Ils appuient leur opinion sur un avis du Conseil d'Etat, en date du 12 mai 1807 (Brossard-Marsillac, *Animaux utiles et nuisibles*, n° 522).

L'article 10 de la loi nouvelle ne peut laisser aucun doute ; ce qui est défendu seulement c'est de saisir les abeilles pendant les mois autres que ceux indiqués (Voir sur la législation des abeilles, *Moniteur des Juges de Paix* 1887, p. 433).

ARTICLE 11.

Les vers à soie ne peuvent être saisis pendant leur travail. Il en est de même des feuilles de mûrier qui leur sont nécessaires.

Cet article est à peu près la traduction littérale de l'article 4 de la loi de 1791, ainsi conçu : « Les vers à soie sont insaisissables pendant leur travail, ainsi que la feuille du mûrier qui leur est nécessaire pendant leur éducation. »

M. de Gavardie jugeait cette disposition inutile :

« Pourquoi cet article-là, disait-il ? Ici, je puis dire qu'il y a des inconvénients, attendu que ce point a été réglé déjà par la législation. Les vers à soie qui dépendent d'une magnanerie sont immeubles par destination, comme les ruches et les abeilles. C'est l'art. 524 du Code civil qui le dit ; quant aux mûriers, l'article 520 dit que les feuilles et les fruits des arbres sont immeubles comme toutes les choses pendantes par racines. Vous voyez donc bien qu'il est parfaitement inutile de mettre cette disposition dans la loi. »

A défaut de commentaire dont l'article 11 soit susceptible, nous découpons ce renseignement dans l'ouvrage déjà cité de M. Brossard-Marsillac :

L'industrie sevicicole, connue chez les anciens, ne commença à se développer en France que sous le règne de Henri IV. Henri II fit, en 1554, un règlement sur cette matière. Un petit nombre d'établissements, se rattachant à cette industrie, existaient à cette époque. Henri IV, dont la sollicitude pour l'agriculture était fort grande, fit planter des mûriers dans les forêts et les parcs royaux et construire des magnaneries dans le jardin des Tuileries.

INSECTES ET CRYPTOGAMES

NUISIBLES A L'AGRICULTURE

Commentaire de la Loi du 24 Décembre 1888.

Le 5 janvier 1839, M. Martin (du Nord), ministre des travaux publics, déposa à la Chambre des Pairs, un projet de loi sur « la destruction des insectes nuisibles à l'Agriculture. »

Ce projet s'en alla se classer dans les cartons parlementaires où il sommeille paisiblement.

En 1849 et 1851, M. Richard (du Cantal) fit une proposition de loi « concernant la destruction des insectes nuisibles à l'Agriculture. »

Le 31 janvier 1872, M. Ducuing présenta à l'Assemblée nationale une autre proposition « prescrivant des mesures nécessaires pour arrêter les ravages causés par les insectes nuisibles à l'Agriculture. » — Aucune suite ne fut donnée à ces deux propositions.

Le 22 mai 1876, MM. de la Sicotière, Grivart et de Bouillé, saisirent le Sénat d'un projet de loi relatif « à la destruction des insectes nuisibles et à la conservation des oiseaux utiles à l'Agriculture. »

Le 10 décembre 1877, M. de la Sicotière donna lecture d'un rapport très complet, très intéressant et très scientifique.

Le 28 janvier 1878, le Sénat adopta, sans discussion, le projet de loi en première lecture.

La deuxième délibération s'ouvrit le 12 février 1878 et se continua dans les séances de 19 et 21 février. Plusieurs orateurs prirent la parole, MM. Bozérian, Dufournel, de Gavardie, entr'autres. Les discours du rapporteur, M. de la Sicotière et de M. Testelin, réclament une mention.

M. de la Sicotière peignit les insectes sous les plus sombres couleurs ; il fit un tableau saisissant des ravages qu'ils causent aux forêts, aux arbres fruitiers, aux vignes, aux céréales, aux plantes potagères et tinctoriales, aux navires etc., et par une transition tout indiquée, il montra les immenses services que rendaient à l'Agriculture les oiseaux insectivores et signala la protection que, dès lors, ils méritaient.

Les moineaux, il faut le reconnaître, eurent, en M. Testelin, un admirateur peu convaincu : mais les lucanes, les scolytes, les scarabées typographes, les pucerons lanigères, les tengis, les tipules, les bruches, les alucites, les charançons, les hannetons, trouvèrent en lui un éloquent défenseur.

« Il y a en Europe, dit l'honorable sénateur, 34,000 espèces d'insectes. Sur ce nombre, il y en a tout au plus 3,500 espèces véritablement nuisibles ou susceptibles de le devenir. Il y en a qui sont utiles en ce qu'elles sont préposées à la destruction de nos ennemis, ou chargées de restreindre la multiplication des plantes parasites. De sorte que, si on ne considère que le nombre des espèces, on voit que sur cent insectes pris par les oiseaux, il peut, en moyenne, s'en trouver un qui soit malfaisant. Sur les quatre-vingt-dix-neuf autres, la plupart nous importent fort peu et un certain nombre ont pour mission de nous faire du bien. » (*Journal officiel*, 13 février 1878, p. 1487).

Puis, chantant la louange des hannetons, en particulier, l'orateur démontre que ces coléoptères sont innocents des méfaits qu'on leur impute, qu'ils ne causent presque pas de dommages ; qu'ils peuvent même rendre des services. Et ici une recette que nous recommandons pour la première édition de la *Cuisinière bourgeoise* :

« Je vais vous indiquer, si vous voulez, un procédé pour faire un excellent coulis, un excellent potage. Prenez des hannetons, pilez-les, jetez-les dans un tamis. Si vous voulez faire un potage maigre, versez de l'eau par-dessus. Si c'est un jour permis, et si vous voulez faire un potage gras, versez du bouillon, cela a un goût délicieux, apprécié des gourmets. » (*Journal officiel*, id. p. 1489).

Pendant que les sénateurs se pourlèchent les lèvres, M. Testelin continue son discours. Il soutient qu'une loi est inutile pour la destruction des insectes ; et que l'homme sait bien se défendre sans le secours d'un arrêté préfectoral, Il raconte que c'est un agriculteur qui a trouvé le moyen de détruire la pyrale au moyen d'un peu d'eau bouillante versée sur le pied de la vigne. « Cet agriculteur s'appelle Raclée, et l'on peut dire qu'il en a distribué une bonne aux insectes. »

L'orteur poursuit en ces termes :

« En vingt-quatre heures nous détruisons l'acarus ; c'est une rareté que de voir un soldat atteint de cette affection.

« Il y a un insecte du genre cimex, *l'acanthia lectularia*. Je ne lui donne que son nom latin parce que je pense que son nom vulgaire n'est pas parlementaire, mais vous me comprendrez bien : un insecte qui habite les couchettes. Il y a un procédé très simple pour le faire disparaître, procédé qui sert aussi pour la destruction des mites : prenez une partie de pétrole et cent parties d'eau, mêlez et peignez avec le mélange soit les murs, soit les planches de n'importe quelle habitation, et l'acanthia lectularia ne s'y représentera plus » (*Journal officiel*, id., id.)

Le Sénat se laissa convaincre par l'argumentation de M. Testelin ; car, passant au vote, il rejeta tous les articles composant le titre Ier de la loi concernant la destruction des insectes nuisibles à l'Agriculture.

La discussion continua sur le titre II relatif à la conservation des oiseaux utiles ; et le projet, ainsi décapité, fut renvoyé à la Commission.

Le 18 décembre 1878, M. de la Sicotière fit un nouveau rapport sur le nouveau projet de loi. Qu'en est-il advenu ? Ma foi, je ne le sais pas trop, mais je crois qu'il n'a jamais été mis à l'ordre du jour.

Nous arrivons ainsi au 20 octobre 1884 : M. Méline, ministre de l'Agriculture, dépose au Sénat un projet de loi « concernant la destruction des insectes, des cryptogames et autres végétaux nuisibles à l'Agriculture. »

Le 11 mars 1887, M. de la Sicotière fait un rapport rappelant celui de 1877 sur les insectes, et signalant, parmi les végétaux nuisibles à l'Agriculture (cryptogames ou phanérogames) l'oïdium, le mildew, le rot noir, le gui, le chardon, la cuscute.

Chose étrange, le Sénat adopte sans discussion (séances des 16 et 23 février 1888) une proposition blackboulée en 1878 ; et il ne s'occupe pas de petits oiseaux auxquels, à la même époque, il avait assuré sa haute protection.

La loi votée est transmise à la Chambre des Députés. M. Javal fait son rapport le 29 novembre 1888. Et sans discussion encore (séances des 5 et 11 décembre), le Corps législatif adopte la loi qui est promulguée le 24 décembre.

La loi nouvelle se compose de huit articles qui ne réclament que quelques lignes de commentaire.

ART. 1ᵉʳ.

« Les préfets prescrivent les mesures nécessaires pour arrêter ou prévenir les dommages causés à l'Agriculture par des insectes, des cryptogames ou autres végétaux nuisibles, lorsque ces dommages se produisent dans un ou plusieurs départements ou seulement dans une ou plusieurs communes et prennent ou peuvent prendre un caractère envahissant ou calamiteux.

« L'arrêté ne sera pris par le préfet qu'après l'avis du Conseil général du département, à moins qu'il ne s'agisse de mesures urgentes et temporaires.

« Il déterminera l'époque à laquelle il devra être procédé à l'exécution des mesures, les localités dans lesquelles elles seront applicables, ainsi que les modes spéciaux à employer.

« Il n'est exécutoire, dans tous les cas, qu'après l'approbation du ministère de l'agriculture qui prend, sur les procédés à appliquer, l'avis d'une commission technique instituée par décret. »

L'arrêté préfectoral ne peut être pris (sauf les cas d'urgence et de mesures temporaires) qu'après l'avis du Conseil général. Et il n'est exécutoire qu'après l'approbation du Ministère de l'Agriculture.

« Il faut épargner aux populations, disait le rapporteur au Sénat, tout ce qui ressemblerait à des taquineries, à des vexations ; n'exiger d'elles que le possible et le praticable ; n'intervenir que dans le cas où, le fléau présentant un caractère envahissant ou calamiteux, l'intérêt général est engagé dans la question de destruction. »

Art. 2.

« Les propriétaires, les fermiers, les colons ou métayers, ainsi que les usufruitiers et les usagers, sont tenus d'exécuter sur les immeubles qu'ils possèdent et cultivent, ou dont ils ont la jouissance et l'usage, les mesures prescrites par l'arrêté préfectoral. Toutefois, dans les bois et forêts, ces mesures ne sont applicables qu'à une lisière de trente mètres.

« Ils doivent ouvrir leurs terrains pour permettre la vérification ou la destruction, à la réquisition des agents.

« L'Etat, les communes et les établissements publics et privés sont astreints aux mêmes obligations sur les propriétés leur appartenant. »

Les mesures de destruction prescrites par l'arrêté préfectoral doivent être exécutées par les propriétaires, les fermiers, etc.

Quant aux bois et forêts, les mesures ne sont applicables qu'à une lisière ou zône de trente mètres. Cette disposition met fin à certaines difficultés qui se présentaient à l'occasion de l'échenillage des bois et forêts. (Voir *Compétence judiciaire des Juges de Paix,* 2ᵐᵉ édit. T. 11, nº 195).

Les propriétaires, les fermiers, etc., doivent ouvrir leurs terrains pour permettre la vérification ou la destruction. Le projet du gouvernement ne contenait pas cette injonction, elle a été imposée par la Commission. Voici les motifs qu'en donne le rapporteur :

« Nous avons admis que les terrains clos devraient être ouverts aux constatations des agents, sans distinction entre ceux qui seraient attenants à une habitation et entourés d'une clôture continue et les autres. Il ne s'agit point ici d'attenter à l'inviolabilité du domicile proprement dit d'un citoyen, mais de constater, à l'extérieur, l'état d'arbres ou de végétaux existant sur sa propriété. L'immunité accordée à des parcs, à des bois qui peuvent, sans cesser d'être clos, s'étendre à une distance de plusieurs kilomètres de ce domicile et servir de retraite à des légions de parasites qui s'en échapperaient pour infester toute une contrée, rendrait l'application de la loi particulièrement difficile dans tous les terrains adjacents, en même temps qu'elle susciterait des jalousies et des récriminations incessantes. Seulement il est bien entendu que les constatations ne devront être faites dans les terrains dont il s'agit qu'avec beaucoup de réserve et de ménagements. »

ART. 3.

« En cas d'inexécution dans les délais fixés, procès-verbal est dressé par le maire, l'adjoint, l'officier de gendarmerie, le commissaire de police, le garde-forestier ou le garde-champêtre, et le contrevenant est cité devant le Juge de paix.

« Les délais fixés par l'article 146 du code d'instruction criminelle seront observés.

« Le Juge de paix pourra ordonner l'exécution provisoire de son jugement, nonobstant opposition ou appel sur minute et avant l'enregistrement.

« La citation sera donnée par lettre recommandée ou par le garde-champêtre.

« Les parties pourront comparaître volontairement et sur un simple avertissement du Juge de paix. »

Cet article ne figurait pas au projet du Gouvernement.

En cas d'inexécution dans les délais fixés des mesures prescrites, procès-verbal est dressé par tels fonctionnaires, et le contrevenant est cité devant le juge de paix — lisez le juge de police.

Les parties, comme en matière ordinaire, peuvent comparaître volontairement ou sur un simple avertissement du juge.

A noter une importante innovation en fait de procédure ; la citation sera délivrée non pas par un huissier, mais par le garde-champêtre, ou confiée à la poste par lettre recommandée. Mais, qui libellera, qui signera la citation ? Le législateur a oublié ce tout petit détail qui, dans la pratiffue, ne manquera pas de soulever des difficultés.

Les délais imposés par l'art. 146, C. Instr. crim., seront observés ; c'est-à-dire que la citation ne pourra être donnée à un délai moindre que vingt-quatre heures, outre un jour par cinq myriamètres ; et que, dans les cas urgents, en vertu d'une cédule délivrée par le juge de paix, les parties peuvent être citées à comparaître même dans le jour, et à une heure indiquée.

Enfin, l'exécution provisoire du jugement peut être ordonnée nonobstant opposition en appel, sur minute et avant l'enregistrement. Cette disposition a été ajoutée pour donner satisfaction à quelques députés qui faisaient remarquer que, dans les contrées méridionales, l'apparition de certains fléaux, celui des sauterelles et des altises notamment, était pour ainsi dire instantanée.

Art. 4.

« A défaut d'exécution dans le délai imparti par le jugement, il est procédé à l'exécution d'office, aux frais des contrevenants, par les soins du maire ou du commissaire de police.

« Le recouvrement des dépenses ainsi faites est opéré par le percepteur en vertu de mandatements exécutoires, délivrés par les préfets, et conformément aux règles suivies en matière de contributions directes. »

Cet article ne présente aucune difficulté d'interprétation, et ne sollicite aucune observation.

Art. 5.

« Les contraventions aux dispositions des articles 1 et 2 de la présente loi, sont punies d'une amende de 6 à 15 francs.

« L'amende est doublée et la peine d'emprisonnement pendant cinq jours au plus peut même être prononcée, en cas de récidive, contre les contrevenants. »

Cet article s'occupe de la pénalité dans son paragraphe 1er ; de la récidive dans son paragraphe 2.

I. — Seront punies d'une amende de six à quinze francs les contraventions aux dispositions des articles 1 et 2 de la loi.

Commettront une infraction, les propriétaires, les fermiers, etc., qui n'exécuteront pas les mesures de destruction imposée s par arrêté dûment exécutoire du préfet (art. 1er); les propriétaires, les fermiers, etc., qui refuseront d'ouvrir leurs terrains pour permettre la vérification ou la destruction, à la réquisition des agents (art. 2).

A cet égard le rapporteur disait que la désobéissance à la loi commune ne pouvait placer les propriétaires, les fermiers, etc., de terrains clos dans une situation plus favorable que ceux qui y sont soumis, ayant des terrains non clos. Il ajoutait : « il doit

4

être entendu, d'ailleurs, que la peine ainsi encourue sera indépendante de celle que pourraient leur valoir les contraventions dûment constatées sur leurs terrains, et de l'action en responsabilité que pourraient leur intenter les voisins. »

En d'autres termes, et au point de vue pénal seulement, le propriétaire ou l'exploiteur de terrains clos peut être poursuivi à la fois : 1° s'il refuse d'ouvrir ses terrains aux agents ; 2° si, sur ses terrains, il n'a pas exécuté les mesures de destruction prescrites par l'autorité préfectorale.

II. — En cas de récidive, l'amende est doublée ; la peine d'emprisonnement pendant cinq jours au plus peut être prononcée. Ainsi amende doublée, obligatoire ; emprisonnement facultatif.

La récidive, je n'en doute pas, est encourue conformément à l'art. 483 C. pén., lorsqu'il a été rendu contre le contrevenant, dans les douze mois précédents, un premier jugement pour contravention de police commise dans le ressort du même tribunal.

Mais la contavention doit elle être du même genre, c'est-à-dire une contravention à la loi de 1888 ? Je le crois, malgré le silence du législateur ; dans une foule de lois (roulage, ivresse, mauvais traitements envers les animaux, etc.), la récidive n'est constituée que par la réitération d'un fait de même nature.

L'amende est forcément doublée, donc elle s'élèvera soit à douze, soit à trente francs. Le juge de police restera-t-il compétent?

Si l'on s'en tenait aux vrais principes du droit, la négative ne serait pas douteuse ; les articles 464, 465 et 466 du Code pénal, l'article 137 du Code d'instruction criminelle sont formels : les Tribunaux de police ne peuvent pas prononcer d'amende excédant quinze francs. Et quand le législateur veut déroger à ces règles fondamentales, il le dit, comme il l'a dit par exemple dans l'article 34 de la loi du 21 juillet 1881 sur la police sanitaire des animaux.

Nous avons, quoi qu'il en soit, peine à croire en cette matière à l'intervention du Tribunal correctionnel. « Il faut enlever à notre loi, répétait M. de la Sicotière, toute apparence de rigueurs exagérées. « On peut regretter cependant que la rédaction de l'article 5 ne rende pas toute équivoque impossible.

ART. 6.

« L'article 463 du Code pénal est applicable aux pénalités prononcées par la présente loi. »

ART. 7.

« La loi du 28 ventôse, an IV, est abrogée. Sont maintenues toutes les dispositions des lois et des règlements concernant la destruction du phylloxera et celle du doriphora. »

ART. 8.

« La présente loi est applicable aux départements de l'Algérie. »

Les circonstances atténuantes sont admises ; l'amende peut donc être réduite à un franc (art. 6).

La loi du 28 ventôse sur l'échenillage est abrogée (art. 7). Est abrogée également le § 8 de l'art. 471 du Code pénal fixant la pénalité pour défaut d'échenillage.

La loi du 24 décembre 1888 met fin aux discussions assez délicates que soulevaient et l'échardonnage et le hannetonnage.

Le Comité technique chargé de l'examen des procédés de destruction des insectes, cryptogames et autres végétaux nuisibles à l'agriculture, désirant se rendre compte des moyens mis en œuvre en 1888 par le syndicat de hannetonnage de Gorron (Mayenne). avait chargé M. le docteur Brocchi de recueillir sur place des renseignements sur la méthode employée pour le ramassage et la destruction des hannetons. Le rapport de M. Brocchi a été publié par le *Journal officiel*, n° du 2 mai 1889. p. 2035.

Pour terminer cette petite étude, un souvenir historique déjà évoqué dans l'un de nos articles « *Droit et animaux* », publié par la *Revue des Sciences et des Lettres*.

Au bon vieux temps, on procédait judiciairement contre les animaux nuisibles ou malfaisants.

De 1120 à 1321, on compte 94 procès intentés directement à des taureaux, à des vaches, à des juments, à des chiens, à des chèvres, à des brebis, à des taupes, à des tourterelles, à des limaces...

En 1403, à Meulan, une truie fut condamnée à être pendue pour avoir dévoré un enfant. Elle fut exécutée solennellement par les mains du bourreau, venu exprès de Paris. L'état des frais que nécessita cette exécution est ainsi libellé :

Pour dépenses faites pour elle dedans la geole.. 6 sols parisis.
Au maître des hautes œuvres qui vient de Paris à Meulan pour faire l'exécution............. ...... 54 sols.
Pour la voiture qui la mena à la justice......... 6 sols.
Pour cordes à la lier..... .... 2 sols 8 deniers.

A cette époque, point n'était besoin de loi comme celle du 24 décembre 1888.

En 1587 s'instruisit à Saint-Jean-de-Maurienne un procès contre les charançons. On nomma un avocat aux insectes, la ville choisit le sien ; on plaida devant les syndics. Une expertise fut ordonnée à l'effet de constater et d'estimer les dégâts causés. Après le rapport de l'expert, la ville offrit de céder aux charançons un terrain duquel ils ne pourraient pas s'éloigner. Les charançons refusèrent, le terrain offert étant inculte et stérile. De guerre lasse, les juges prononcèrent l'expulsion, *manu militari*, de ces trop exigeants adversaires, et commirent un huissier pour exécuter la sentence. L'histoire ne dit pas comment l'officier ministériel s'y prit pour remplir sa mission.

Compiègne. — Imp. A. MENNECIER, rue Pierre-Sauvage, 17.

# CHEZ LES MÊMES ÉDITEURS :

MONITEUR DES JUGES DE PAIX (LE) DE LEURS SUPPLÉANTS ET DES GREFFIERS. Revue pratique de la juridiction cantonale ; par M. N.-A. CARRÉ, Juge de paix du 1er arrondissement de Paris. — Paraissant tous les mois.
Années 1880 à 1883. 54 fr.
Abonnement annuel de janvier à décembre. 12 fr.

JUGES DE PAIX (CODE ANNOTÉ DES), 1re partie : Code de l'audience ; 2e partie : Code du cabinet ; par N.-A. CARRÉ, Juge de paix du 1er arrondissement de Paris, ancien Juge de paix de cantons ruraux. 3e édition, revue et mise au courant. 1 fort vol. gr. in-8. 1886. 19 fr. 50

JUGES DE PAIX (COMPÉTENCE JUDICIAIRE DES) EN MATIÈRE CIVILE ET PÉNALE ; par N.-A. CARRÉ, Juge de paix du 1er arrondissement de Paris ; ancien juge de paix de cantons ruraux, Auteur du *Code annoté des Juges de Paix*. 2e édition. 2 vol. in-8. 1888. 18 fr.

JUGES DE PAIX (MANUEL ENCYCLOPÉDIQUE, THÉORIQUE ET PRATIQUE DES), de leurs Suppléants et Greffiers, avec les formules de tous les actes extra-judiciaires et judiciaires, placées à la suite de chaque titre ; par J.-E. ALLAIN, Juge de paix retraité. 5e édition, entièrement refondue, par N.-A. CARRÉ, Juge de paix du 1er arrondissement de Paris, 5 forts vol. in-8. 1881 27 fr.

JUSTICES DE PAIX (FORMULAIRE GÉNÉRAL ET COMPLET DE LA PROCÉDURE CIVILE ET CRIMINELLE DES) ; par C.-A. COUTURIER, ancien Juge de paix à Tours. 2e édition, revue et considérablement augmentée. 2 vol. in-8. 1880. 16 fr.

JUGES DE PAIX (ATTRIBUTION DES) de la France continentale résumées et classées. Tableau synoptique dressé par M. ROUX DE RAZE-SAUVIGNEY, Juge de paix du canton sud d'Abbeville. 1 vol. in-8. 1880. 3 fr.

JUGES DE PAIX (TARIFS COMMENTÉS DES ACTES EN MATIÈRE CIVILE DES), de leurs Greffiers et Huissiers, suivis de ceux des actes des Huissiers et des Secrétaires des Conseils des prud'hommes ; par M. BONNESŒUR, Conseiller honoraire à la Cour d'appel de Bordeaux. 5e édition. 1 vol. in-8. 1884. 3 fr. 50

JUGES DE PAIX (MANUEL CRIMINEL DES) considérés comme officiers de police judiciaire auxiliaires du procureur de la République et comme délégués du juge d'instruction ; par M. DUVERGER, Président de chambre honoraire à la Cour d'appel de Poitiers. 5e édition. 1876. 1 vol. in-8. 7 fr. 50

CONTRAVENTIONS DE POLICE (ÉTUDE SUR LES), Code pénal (art. 464 à 484) ; par ANTOINE BLANCHE, premier Avocat général à la Cour de cassation. (Extrait des *Études pratiques sur le Code pénal*, du même auteur). 1 vol. in-8. 1872. 8 fr. 50

Compiègne. — Imprimerie A. MENNECIER, 17, rue Pierre-Sauvage.

www.ingramcontent.com/pod-product-compliance
Ingram Content Group UK Ltd.
Pitfield, Milton Keynes, MK11 3LW, UK
UKHW022131170726
13837UKWH00003B/1490